U0640481

心理描写阅读指导

《"四特"教育系列丛书》编委会 编著

吉林出版集团股份有限公司

全国百佳图书出版单位

图书在版编目（CIP）数据

心理描写阅读指导／《"四特"教育系列丛书》编委会编著 . —长春：吉林出版集团股份有限公司，2012.4
（"四特"教育系列丛书／庄文中等主编 . 学生阅读与作文方法指导）
ISBN 978-7-5463-8711-6

I.①心… Ⅱ .①四… Ⅲ .①阅读课－中小学－教学参考资料 Ⅳ .① G634.333

中国版本图书馆 CIP 数据核字（2012）第 044360 号

心理描写阅读指导

XINLI MIAOXIE YUEDU ZHIDAO

出 版 人　吴　强
责任编辑　朱子玉　杨　帆
开　　本　690mm×960mm　1/16
字　　数　250 千字
印　　张　13
版　　次　2012 年 4 月第 1 版
印　　次　2023 年 2 月第 3 次印刷

出　　版　吉林出版集团股份有限公司
发　　行　吉林音像出版社有限责任公司
地　　址　长春市南关区福祉大路 5788 号
电　　话　0431-81629667
印　　刷　三河市燕春印务有限公司

ISBN 978-7-5463-8711-6　　　　定价：39.80 元

前　言

　　学校教育是人一生中所受教育最重要组成部分，个人在学校里接受计划性的指导，系统地学习文化知识、社会规范、道德准则和价值观念。学校教育从某种意义上讲，决定着个人社会化的水平和性质，是个体社会化的重要基地。知识经济时代要求社会尊师重教，学校教育越来越受重视，在社会中起到举足轻重的作用。

　　"四特教育系列丛书"以"特定对象、特别对待、特殊方法、特例分析"为宗旨，立足学校教育与管理，理论结合实践，集多位教育界专家、学者以及一线校长、老师们的教育成果与经验于一体，围绕困扰学校、领导、教师、学生的教育难题，集思广益，多方借鉴，力求全面彻底解决。

　　本辑为"四特教育系列丛书"之《学生阅读与作文方法指导》。

　　阅读能力被著名教育家苏霍姆林斯基称之为学习技能的五把刀子之一，它不仅是语文学习能力的主要构成因素，也是训练学生的表达能力的重要途径，还是一切智力活动的基础。因此，有效阅读一直就是语文教学的核心，要提高语文能力，提升语文素养，必须加强有效阅读。

　　作文是人们交流思想和社会交际的重要工具。生活在现实社会里，无论你从事什么行业，都离不开写作，写作是人类生活的基本工具，是每一个社会成员搞好各项工作必须应具备的一种起码素质。本书从肖像、语言、行动、心理、场面、景物、静态、状物、抒情和话题等方面，为广大青少年提供了实际指导和范文阅读，使大家不仅可以学到作文的知识，还能感受到好词好句好段中所蕴含的优美意境，能够受到精神的陶冶。

　　本辑共 20 分册，具体内容如下：

　　1.《肖像描写阅读指导》

　　肖像描写即描绘人物的面貌特征，它包括人物的身材、容貌、服饰、打扮以及表情、仪态、风度、习惯性特点等。肖像描写的目的是以"形"传"神"，刻画人物的性格特征，反映人物的内心世界。描是描绘，写是摹写。描写就是用生动形象的语言，把人物或景物的状态具体地描绘出来。这是一般记叙文和文学写作常用的表达方法。本书针对学生如何高效阅读肖像描写类文章进行了系统而深入的分析和探讨，并给予了切实的指导，对中小学生颇有启发意义。

　　2.《语言描写阅读指导》

　　语言描写是塑造人物形象的重要手段。成功的语言描写总是鲜明地展示人物的性格，生动地表现人物的思想感情，深刻地反映人物的内心世界，使读者"如闻其声，如见其人"，获得深刻的印象。本书针对学生如何高效阅读语言描写类文章进行了系统而深入的分析和探讨，并给予了切实的指导，对中小学生颇有启发意义。

　　3.《行动描写阅读指导》

　　行动描写是刻画人物的手法之一，是塑造人物的主要手段。行动是人物思想性格的直接表现,因此,人物的行动描写就要善于抓住人物具有特征性的动作,从而展示人物的精神面貌,反映人物的性格特征,塑造出个性鲜明的人物形象。本书针对学生如何高效阅读行动描写类文章进行了系统而深入的分析和探讨,并给予了切实的指导,对中小学生颇有启发意义。

4.《心理描写阅读指导》

心理描写是指在文章中,对人物在一定的环境中的心理状态、精神面貌和内心活动进行的描写。是作文中表现人物性格品质的一种方法。最常用的是描写人物的内心独白,写出人物的所思所想,让人物一无遮掩地吐露自己的心声,说出他的欢乐和悲伤、矛盾和愁郁、忧虑和希望,使读者穿透人物外表,看到人物的内心世界。本书针对学生如何高效阅读心理描写类文章进行了系统而深入的分析和探讨,并给予了切实的指导,对中小学生颇有启发意义。

5.《场面描写阅读指导》

场面描写,就是对一个特定的时间与地点内许多人物活动的总体情况的描写。它往往是叙述、描写、抒情等表述方法的综合运用,是自然景色、社会环境、人物活动等描写对象的集中表现。场面描写要表现出一种特定的气氛要综合运用记叙、描写、抒情、议论等表达手段,以及映衬、象征等多种手法,这样才能使场面变成一幅生动而充满感染力的图画。本书针对学生如何高效阅读场面描写类文章进行了系统而深入的分析和探讨,并给予了切实的指导,对中小学生颇有启发意义。

6.《景物描写阅读指导》

景物描写,是指对自然环境和社会环境中的风景、物体的描写。景物描写主要是为了显示人物活动的环境,使读者身临其境。本书针对学生如何高效阅读景物描写类文章进行了系统而深入的分析和探讨,并给予了切实的指导,对中小学生颇有启发意义。本书不仅提供了学生有效阅读同范文,还提供了相应的阅读把握方法等,具有很强的系统性、实用性、实践性和指导性。

7.《风俗描写阅读指导》

风俗习惯指个人或集体的传统风尚、礼节、习性。是特定社会文化区域内历代人们共同遵守的行为模式或规范。风俗由于一种历史形成的,它对社会成员有一种非常强烈的行为制约作用。风俗描写主要包括民族风俗、节日习俗、传统礼仪等等。本书针对学生如何高效阅读风俗描写类文章进行了系统而深入的分析和探讨,并给予了切实的指导,对中小学生颇有启发意义。

8.《记叙文阅读指导》

阅读记叙文必须注意把握文章的基本要素,理清记叙的顺序以及线索,准确理解记叙中的描写议论和抒情。只有这样,才能从整体上全面把握记叙文的内容,理解作者的写作意图和文章所反映的中心思想。本书针对学生如何高效阅读记叙文进行了系统而深入的分析和探讨,并给予了切实的指导,对中小学生颇有启发意义。

9.《抒情散文阅读指导》

抒情散文主要是抒发作者对现实生活的感受、激情和意愿。抒情散文抒发的是怎样的感情,如何抒发,都与文章揭示的思想意义是否深广有极大的关系。本书针对学生如何高效阅读抒情散文进行了系统而深入的分析和探讨,并给予了切实的指导,对中小学生颇有启发意义。本书不仅提供了学生有效阅读同范文,还提供了相应的阅读把握方法等,具有很强的系统性、实用性、实践性和指导性。

10.《话题性范文阅读指导》

话题性文章一般与学生的生活实际联系的最紧密,学生应该有话可写。但由于话题比较宽泛,要出采也不容易。写作的关键在于把话题转化,或化大为小,或化抽象为具体。本书针对学生如何高效阅读话题性文章进行了系统而深入的分析和探讨,并给予了切实的指导,对中小学生颇有启发意义。

11.《肖像写作指导》

肖像描写即描绘人物的面貌特征,它包括人物的身材、容貌、服饰、打扮以及表情、仪态、风度、习惯性特点等。肖像描写的目的是以"形"传"神",刻画人物的性格特征,反映人物的内心世界。描是描绘,写是摹写。描写就是用生动形象的语言,把人物或景物的状态具体地描绘出来。本书针对学生如何提高肖像描写类作文写作水平进行了系统而深入的分析和探讨,并给予了切实的指导,对中小学生颇有启发意义。

12.《语言写作指导》

语言描写是塑造人物形象的重要手段。成功的语言描写总是鲜明地展示人物的性格,生动地表现人物的思想感情,深刻地反映人物的内心世界,使读者"如闻其声,如见其人",获得深刻的印象。本书针对学生如何提高语言描写类作文写作水平进行了系统而深入的分析和探讨,并给予了切实的指导,对中小学生颇有启发意义。

13.《行动写作指导》

行动描写是刻画人物的手法之一,是塑造人物的主要手段。行动是人物思想性格的直接表现,因此,人物的行动描写就要善于抓住人物具有特征性的动作,从而展示人物的精神面貌,反映人物的性格特征,塑造出个性鲜明的人物形象。本书针对学生如何提高行动描写类作文写作水平进行了系统而深入的分析和探讨,并给予了切实的指导,对中小学生颇有启发意义。

14.《心理写作指导》

心理描写是指在文章中,对人物在一定的环境中的心理状态、精神面貌和内心活动进行的描写。是作文中表现人物性格品质的一种方法。最常用的是描写人物的内心独白,写出人物的所思所想,让人物一无遮掩地吐露自己的心声,说出他的欢乐和悲伤、矛盾和愁郁、忧虑和希望,使读者穿透人物外表,看到人物的内心世界。本书针对学生如何提高心理描写类作文写作水平进行了系统而深入的分析和探讨,并给予了切实的指导,对中小学生颇有启发意义。

15.《场面写作指导》

场面描写,就是对一个特定的时间与地点内许多人物活动的总体情况的描写。它往往是叙述、描写、抒情等表述方法的综合运用,是自然景色、社会环境、人物活动等描写对象的集中表现。场面描写要表现出一种特定的气氛要综合运用记叙、描写、抒情、议论等表达手段,以及映衬、象征等多种手法,这样才能使场面变成一幅生动而充满感染力的图画。本书针对学生如何提高场面描写类作文写作水平进行了系统而深入的分析和探讨,并给予了切实的指导,对中小学生颇有启发意义。

16.《景物写作指导》

景物描写,是指对自然环境和社会环境中的风景、物体的描写。景物描写主要是为了显示人物活动的环境,使读者身临其境。本书针对学生如何提高景物描写类作文写作水平进行了系统而深入的分析和探讨,并给予了切实的指导,对中小学生颇有启发意义。本书除了提供各种作文的方法外,还提供了大量的好词、好段、好句供广大学生作文时参考借鉴,因此具有很强的系统性、实用性、实践性和指导性。

17.《静态写作指导》

在写物的静态时,我们要尽量去发掘这一静物的动态。如果我们要状写这些不可能有动态的物,那么,我们要去发现他们的质感和有活力的部分。如果我们抓住这些来写,那么,那些静静躺在盘子里,平平睡在盒子里的东西也会生出许多引人的魅力来。总之,我们写物的静态时,要尽量找些鲜活的因素来描上几笔,而且,这几笔往往是最最传神的。本书针对学生如何提高静态描写类作文写作水平进行了系统而深入的分析和探讨,并给予了切实的指导,对中小学生颇有启发意义。

18.《状物写作指导》

状物类作文,以"物"为描述的中心和文章的线索,或寓情于物,或托物言志,融知识性与趣味性于一体,表达文章的题旨。这是学生喜闻乐见的一种写作形式。因此,加强状物类作文的指导,既是学生的一种心理需求,也是新的课程标准的目标之一。本书针对学生如何提高状物类作文写作水平进行了系统而深入的分析和探讨,并给予了切实的指导,对中小学生颇有启发意义。

19.《抒情写作指导》

写抒情散文,重在"情"字。一篇文章要打动读者的感情,作者首先要自己动感情,把感情融注到字里行间。作家魏巍说过:"写好一篇东西,能打动人心,就要把心捧给读者。"把心捧给读者,就是要吐真情,有真意,让情真意切的行文去感动读者。本书针对学生如何提高抒情散文写作水平进行了系统而深入的分析和探讨,并给予了切实的指导,对中小学生颇有启发意义。

20.《话题写作指导》

要想写好话题作文,除了审题命题外,要注意选择自己最熟悉的事情,用自己真实的感情,另外还要选择自己应用得最拿手的文体,需要注意的是,话题作文也要注意体裁的确定,虽然作文的要求是让你自由选择文体,但是你一旦选择了某种文体,就一定要体现这种文体的特点,切不可写成四不象的作文来。总之,话题作文的写作给了你发挥自己写作优势的天地,只要选择自己最擅长的去写,你就会取得不错的成绩。本书针对学生如何提高话题作文写作水平进行了系统而深入的分析和探讨,并给予了切实的指导,对中小学生颇有启发意义。

由于时间、经验的关系,本书在编写等方面,必定存在不足和错误之处,衷心希望各界读者、一线教师及教育界人士批评指正。

编者

目　录

1

第一章

心理描写写作指导

1. 什么叫心理描写

心理描写是指在文章中，对人物在一定的环境中的心理状态、精神面貌和内心活动进行的描写。是作文中表现人物性格品质的一种方法。最常用的是描写人物的内心独白，写出人物的所思所想，让人物一无遮掩地吐露自己的心声，说出他的欢乐和悲伤、矛盾和愁郁、忧虑和希望，使读者穿透人物外表，看到人物的内心世界。

通过对人物心理的描写，能够直接深入人物心灵，揭示人物的内心世界，表现人物丰富而复杂的思想感情。作者塑造人物形象，可供运用的方法是很多的，其目的都是为了展示人物的精神世界和性格特征。心理描写的目的也是如此，跟肖像描写、语言描写等方法相比，心理描写能够直接叙写人物的七情六欲，揭示人物灵魂深处的奥秘，把单靠外部形象难以表现的内心感受揭示出来，使文学作品中的人物形象立体化，从而显得更为完整和真实。

2. 心理描写的表现形式

法国作家雨果说过："有一种比海更大的景象，是天空；还有一种比天空更大的景象，那就是人的内心世界。"人的心理活动的复杂多样，决定了心理描写具有多种多样的表现形式。常见的有以下几种：

(1) 内心独白

一般使用第一人称。犹如电影中人物思考时的画外音，是倾吐衷肠、透露"心曲"的一个重要手段。

（2）动作暗示

人的动作、行为总是受心理活动的支配，从行动中刻画人物的心理活动，揭示人物在特定环境下的内心世界，是心理描写的又一表现形式；

（3）景物烘托

即绘景而显情。作品中出现的景物，往往是"人化的自然"，渗透了人物的特定心情。

（4）心理概述

又称心理剖析，是作者对人物内心活动的直接描述，一般使用第三人称。由于作者是以旁观者的身份对人物的内心世界进行剖析、评价，因此不但便于比较细腻地表现人物当时当地的思想活动，还可以有进展地概述人物在一段时间内的感情变化，内心斗争，在行文中比较灵活方便。

心理描写要成为塑造人物形象的有效手段，首先要求抓住人物的本质特征，使心理描写符合人物性格发展的逻辑，成为多方面展现人物性格并完成人物形象塑造的有机组成部分。不要兴之所至，信笔写去，游离了人物而空发议论、徒作感叹，使心理描写成为累赘。

心理描写要实事求是，恰如其分。不可主观臆造，不可无限制扩大。过于冗长繁琐的心理描写，非但达不到真切感人的目的，反而会令人生厌。只有当它和肖像描写、行动描写、语言描写等多种写作手段有机地结合起来，才能产生良好的效果。

3. 心理描写常用方法

（1）直接描写式

这是最为常见的运用最广泛的一种人物心理描写法，有的句子中

3

含有"想"等关键的字眼作为明显的标志。"想"字或出现在心理活动之前，或出现在心理活动之后。"想"字后有的用"逗号"，有的用"冒号"等做标示。

例如在《陈奂生上城记》中有这样一段描写：

> 推开房间，看看照出人影的地板，又站住犹豫："脱不脱鞋？"一转念，忿忿想到："出了五块钱呢！"再也不怕脏，大摇大摆走了进去，往弹簧太师椅上一坐："管它，坐瘪了不关我事，出了五元钱呢。"

以上的心理描写就属于直接描写式，它非常恰当的将陈奂生患得患失、狭隘自私的小农经济的心理描写了出来。

同样的例子在《阿Q正传》里面也有：

> 阿Q在形式上打败了，被人揪住黄辫子，在壁上碰了四五个响头，闲人这才心满意足的得胜的走了，阿Q站了一刻，心里想，"我总算被儿子打了，现在的世界真不象样……"于是心满意足的得胜的走了。

以上的心里描写虽然很简洁，但很好的揭示了人物的性格特征，将阿Q的精神胜利法活化了出来。

（2）抒情独白式

这种刻画人物心理的方法，是用抒情的笔法展示人物的内心矛盾和思想斗争。如下面的例子：

> 我一边跑一边想：看样子是难以逃脱了。扔了米跑吧，

山上急等着用用粮食，舍不得丢，——而且就是扔了也不一定能逃得脱；不扔吧，叫敌人追上了也是人粮两空。怎么办呢？……这时，洪七还紧跟着我，呼哧呼哧直喘气呢。我听着他的喘气声，蓦地想出了一个法子。可是当我这样想着的时候，我自己不由得浑身都颤抖了起来：儿子，多好的儿子……这叫我怎么跟他妈交代呢？……可是，不这样又不行，孩子要紧，革命的事业更要紧！也许我能替了孩子，可孩子替不了我呀！……

以上的文段，心理描写非常成功。

作者用抒情的笔法，写"我"与儿子洪七给山上的红军送粮，在途中遇到了敌人。在万分危急的情况下，是牺牲儿子保护粮食，还是保护儿子？"我"的内心斗争非常激烈，心情极度矛盾、复杂。最后，"我"毅然牺牲了儿子，使"我"的崇高品质得到了最好的表现。

(3) 梦境描绘式

这是一些学生容易忽略的心理描写法。梦境是人所想的集中表现，它同样能揭示人物的性格特征，深化文章的主题等。梦境描绘的文字一般较多，下面选一较短的进行说明：

这里宝玉昏昏默默，只见蒋玉菡走了进来，述说忠顺府拿他之事；只见金钏儿进来哭说为他投井之情。宝玉半梦半醒，都不在意。忽又觉有人推他，恍恍惚惚听得有人悲戚之声。宝玉从梦中惊醒，睁眼一看，不是别人，却是林黛玉。

以上文字，作者就描写了梦境。它既揭示出了宝玉关心体贴少女，思想叛逆，具有民主思想的性格特征，又反映出当时社会中，处于下层地位的人任人宰割的不合理的黑暗现实。

（4）心理分析式

这种心理描写的方法在西方的一些小说中很常见。即通过剖析人物的心理来展现人物的内心世界，让读者对人物的所思所想更加明了。

如，莫泊桑在小说《项链》中就运用了心理分析式。他用"她一向就向往着得人欢心，被人艳羡，具有诱惑力而被人追求"，表现玛蒂尔德希望摆脱寒酸、暗淡、平庸的生活，置身于上流社会，成为生活优裕、受人奉承的高贵夫人的梦想；通过"她陶醉于自己的美貌胜过一切女宾"，表现她自觉颇有姿色，具有跳出平庸家庭，爬进上流社会的资本的自信心。

（5）神态显示式

这种描写法是通过写人物的神情来显示人物内心的感情。如，我们常用"他瞥了一眼"或"他撇了撇嘴"等，来表现对人的轻视。

又如，鲁迅先生在《故乡》中对闰土神情的描写；在《祝福》中对祥林嫂神态的描写等，都很恰当的表出了人物的内心感受，将人物的情感很好的揭示出来，很值得读者去品味。

（6）行动表现式

即在小说、戏剧、记叙文中恰当的描写人物富有鲜明个性的动作，传神地揭示出人物的心理活动。

如，鲁迅先生在《孔乙己》中对孔乙己"拍出九文大钱"的动作描写，反映了孔乙己得意、炫耀的心理；施耐庵在《林教头风雪山神庙》中对林冲听说陆谦追杀至沧州，不觉大怒，于是用了"买""带""寻"等几个连续的动词，表现出林冲报仇急切的激愤心理。

（7）环境衬托式

在小说、戏剧、散文和记叙文中，环境描写是不可缺少的。恰当的环境描写既对刻画人物、反映主题起到很好的作用，又能增添文章的美感。同时，还能衬托出人物的心理。

如，鲁迅在《社戏》中写小伙伴们划船去听戏路途中的景物描写；孙犁在《荷花淀》中对妇女们划船找丈夫时的景物描写，和遇到敌人时的景物描写等，都恰当衬托出了人物的心情。

衬托人物心情的景物描写要求作者抓住景物特征，紧扣人物的心理，最好从视觉、嗅觉、触觉、听觉等方面着墨，将人物的悲喜之情恰当的衬托出来。

一个人在不同的心情时看相同的景物，会产生不同的感受，因为人对使自己心灵产生感应的事物特别敏感，因此人的眼睛能根据自己的心情选择景物，并伴随着强烈的主观感受。

人物的性格、情绪一般都可以通过景物描写来反映。古诗文中就常有"采菊东篱下，悠然见南山"的闲适之心，也常有"感时花溅泪，恨别鸟惊心"的悲伤之感，这种寄情于景、借景抒情的写法，能够收到"状难写之景于眼前，含不尽之意于言外"的效果。

通过描写周围的环境而反映人物的心理。人与外界环境是相互作用相互影响的，阴天，人物的心情抑郁，晴天，人物的心情开朗。当然，这里说的是就一般文学的真实性而非现实的真实性而言。因为在现实生活中，谁也不能保证晴天没有抑郁的人，阴天没有高兴的人。但在文学中，讲的是一种艺术的真实，为了这种艺术的真实，很多时候单从一个侧面描写，对于形象的刻画达不到想要的效果，所以还需要从更多的侧面来反映所要描写的主体。比如描写人物悲伤的心情，除了从上述的角度描写，有时候就需要从当时的天气阴晴，温度高低冷暖，季节灰黄不同，秋风落叶不一的特点，等等，来衬托人物的不同心情。这样不仅把悲伤的程度更加深化了，而且使你的文章更加生活化，真实化，空间化，立体化，有了一定的张力和内涵。

值得强调的是，直接描写人物的心理活动，一定要切合人物的年龄、身份和性格特征。心理描写的文段不宜过长，否则会使文章沉闷，有损人物形象的生动性。

(8) 幻觉展现式

这种人物心理的描写，是通过对人物幻觉的展示，来刻画人物的心理，能揭示文章的主题，请看下面一段文字：

　　她的一双小手几乎冻僵了。啊，哪怕一根小小的火柴，也会对她有好处的！她敢从成把的火柴里抽出一根，在墙上擦燃了，暖和暖和手吗？她抽出了一根火柴。哧！燃起来了，冒出火焰来了！她把小手拢在火焰上。多么温暖多么明亮的火焰啊，简直像一支小小的蜡烛。这是一道奇异的火光！女孩觉得自己好像坐在一个装着闪亮的铜脚铜捏手的大火炉前面。火炉里的火烧得旺旺的，暖烘烘的，她觉得多么舒服啊！但是——怎么回事呢？——她刚把脚伸出去，想把脚也暖和一下，火柴灭了，火炉不见了。她只拿着一根烧过了的火柴，坐在那儿。

　　她又擦了一根。火柴燃起来了，发出亮光来了。亮光落在墙上，那儿就变得像薄纱那么透明，她可以从那儿一直看到屋里：桌上铺着雪白的台布，摆着精致的盘碗，填满了苹果和葡萄干的烤鹅正冒着热气。更妙的是，这只鹅从盘子里跳下来，背上插着刀和叉，摇摇摆摆地在地板上走着，一直向这个可怜的小女孩走来——这时候，火柴又灭了，面前没有别的，只有一堵又厚又冷的墙。

以上的幻觉描写，很好的刻画出小女孩天真、单纯和对温饱渴求的心理。同时，又深刻的揭露了资本主义社会的不平和黑暗。

(9) 内心独白

所谓内心独白，是描写心理的叙述手法之一，它是一种依赖语言的意识活动。其主要特征有三个，即"内心"、"独"和"白"。"内心"即默然无声，"独"即无人对答，"白"即依赖语言。一言以蔽之，内心独白即独自无声的语言意识。就是让人物说出他自己的思想感情，或对某一问题的看法、想法。可以对人物进行细腻的心理刻画，让人物直抒胸臆，坦陈心迹，淋漓尽致地揭示人物最隐秘的内心世界，让读者更真实更直接地了解人物性格，往往能取得真切感人甚至震撼人心的艺术效果。

(10) 梦境幻觉

梦境、幻觉描写是一种特殊的心理描写。作家通过对人在梦境里、幻觉中产生的感觉的描写，表达人物的某种心境、意念，特殊曲折地反映客观，加强艺术效果。人物的心理用梦境和幻觉表现，能增添抒情和浪漫色彩，梦中或喜或悲、或笑或泣，往往是人们在现实生活中的感情的曲折反映，可以表达人们各种真实的情感。

4. 心理描写的作用

心理描写在文学创作中所起的重要作用是显而易见的。首先，它有助于突出作品的主题思想。如都德的《最后一课》，通过最后一堂课对小弗朗士严肃而深刻的教育，使他思想受到极大震动，开始觉醒并逐渐成熟起来。其中写了一段他的天真的内心独白：

从此，我再也学不到法文了！只能到此为止了……我这时是多么后悔啊，后悔过去浪费了光阴，后悔自己逃了学去掏鸟窝，到沙亚河上去滑冰！我那几本书，文法书，圣徒传，刚才我还觉得背在书包里那么讨厌，显得那么沉，现在就像老朋友一样，叫我舍不得离开。对哈迈尔先生也是这样，一想到他就要离开这儿，从此再也见不到他了，我就忘记了他以前给我的处罚，忘记了他如何用戒尺打我。

这段心理描写，深刻表现了法国孩子们对侵略者强烈的憎恨对祖国无比热爱之情，突出了作品的主题思想。

其次，它有助于刻画人物的性格特征和揭示人物的身份、境遇。比如在《红楼梦》三十二回中，当黛玉听到宝玉背地里跟史湘云、袭人说她从来不说那些"仕途经济"的"混账话"以后，作者黛玉的内心活动作了极为精彩的描绘：

> 黛玉听了这话，不觉又喜又惊，又悲又叹。所喜者：果然自己眼力不错，素日认他是个知己，果然是个知己。所惊者：他在人前一片私心称扬于我，其亲热厚密，竟不避嫌疑。所叹者：你既为我的知己，自然我亦可为你的知己，既你我为知己，又何必有"金玉"之论，也该你我有之，又何必来一宝钗呢？所悲者：父母早逝，虽有铭心刻骨之言，无人为我主张；况近日每觉神思恍惚，病已渐成，医者更云："气弱血亏，恐致劳怯之症。"我虽为你的知己，但恐不能久待；你纵为我的知己，奈我薄命何！

这段心理描写，将人物内心深处细微曲折复杂的感情表现了出来，极大胆地丰富了人物性格，同时，也深刻揭示了黛玉孤苦无依的身份以及父母早逝、婚姻无人作主的可怜境遇。

再次，它有助于展示情节的发展变化。列夫·托尔斯泰是位擅长心理描写的巨匠，他在《复活》中写玛丝洛娃在监狱里以犯人身份会见前来探视她的贵族地主聂赫留道夫：

玛丝洛娃怎么也没想到会看见他，特别是在此时此地。因此最初一刹那，他的出现使她震惊，使她回想起她从不回想的往事。

往下，就进入往事的回忆。起初，她心头掠过一丝美好的回忆，因为站在她面前的这个人曾经爱过她并且为她所爱。接着，她想起他的残忍作为，想起他留给她的痛苦和屈辱。这些至今仍像磐石一样压迫着她，使她无法摆脱，她痛恨这个毁了她幸福的人，于是记忆中那种爱情的幻境顿时化为泡影。但她根据自己的生活经验又想利用他一下。这段心理描写既预示着聂赫留道夫后来应允为她请律师的情节，也预示着他希望用对玛丝洛娃的描写还有助于表现人与人之间的关系，有助于反映社会生活的本质。

5. 心理描写常用词语

(1) 高兴

快活开心快乐欢乐喜悦快慰愉悦愉快畅快大喜狂喜欣喜喜洋洋喜滋滋兴冲冲乐融融乐陶陶乐呵呵乐悠悠甜滋滋兴高采烈兴致勃勃欢呼雀跃兴趣盎然手舞足蹈欢天喜地称心如意心满意足欢欣鼓舞喜出望外喜上眉梢喜笑颜开喜形于色眉飞色舞乐不可支心旷神怡心花怒放欣喜若狂洋洋自得满面春风自得其乐

（2）悲哀

悲伤悲惨悲戚悲痛悲切悲叹悲观悲悯哀叹哀愁哀怨哀痛哀思哀鸣怅然凄切痛苦痛切伤心伤感心如刀割痛不欲生痛心疾首悲痛欲绝欲哭无泪乐极生悲慷慨悲歌

（3）忧愁

忧虑忧伤郁闷愁苦焦虑顾虑重重满腹疑虑坐立不安惴惴不安忧心忡忡心事重重心烦意乱心乱如麻心神不定心急如焚心急火燎五脏俱焚愁眉不展愁眉苦脸满面愁容双眉紧蹙

（4）愤恨

愤然愤懑愤慨愤恨憎恶怨恨痛恨仇恨愤愤不平疾恶如仇深恶痛绝令人发指义愤填膺切齿痛恨深仇大恨抱恨终身

（5）发怒

恼怒激怒怒火中烧恼羞成怒火冒三丈怒发冲冠怒气冲天拂袖而去勃然大怒大发雷霆暴跳如雷怒不可遏怒形于色面有愠色满面怒容怒目圆睁

（6）惊恐

惊慌惊骇惊吓害怕惧怕畏惧恐慌恐怖心惊胆战胆小怕事畏首畏尾提心吊胆做贼心虚心有余悸惊慌失措张皇失措如坐针毡惊魂未定惊恐未定惊恐万状战战兢兢面如土色失魂落魄心惊肉跳胆颤心惊不寒而栗心胆俱裂魂不附体

6. 心理描写注意事项

（1）抓住人物特征

心理描写要成为塑造人物形象的有效手段，首先要求抓住人物的本质特征，使心理描写符合人物性格发展的逻辑，成为多方面展现人物性格并完成人物形象塑造的有机组成部分。不要兴之所至，信笔写去，游离了人物而空发议论、徒作感叹，使心理描写成为累赘。

心理小说的情节叙事简单，事件平凡朴实，大量的心理描写为塑造人物性格服务，通过心理描写表现人物的复杂性格。如性格中的反抗与妥协、自尊与自卑、多疑与敏感、感性与冷静的性格特征和气质特点都通过心理描写刻画得淋漓尽致。情爱与母爱、反抗与激情的性格冲突在心理描写中也得到充分表现。

（2）心理描写要实事求是

不可主观臆造，不可无限制扩大。过于冗长繁琐的心理描写，非但达不到真切感人的目的，反而会令人生厌。只有当它和肖像描写、行动描写、语言描写等多种写作手段有机地结合起来，才能产生良好的效果。

（3）心理描写从属于情节

心理描写依附于情节，不具独立性。情节触动、引发了心理描写，并把心理描写串连起来，体现了传统小说叙述的线性因果关系。它不同于现代心理小说独立存在的意识流描写。

心理小说中的人物经历和心理描述互为层次，有机结合。情节好似引河，心理描写好似水流，它盈满河道，充畅情节，构成了以心理描述为主的叙事结构。情节心理化通常表现为三种情况：引发式、插入式和夹叙式。引发式是以一个很小的事件为引子，以此引出大量的心理描述。插入式是在心理叙述中插入现实描写的细节。夹叙式是一边叙述情节，一边心理叙述，叙述引出心理描述，心理描述又带出情节。

（4）心理描写的合理性

写人物的心理活动，应写特定的人物在特定的环境中必然产生的心理活动，不能为心理描写而进行心理描写。要在关键的情节、动作、表现出现时，才伴之以心理描写。

　　写心理活动，要努力写人物细微的感情波澜和复杂的心理变化过程。人物的性格决定了人物的心理，人物的内心活动可表现人物的个性。心理描写要为突出人物思想性格服务。具体来说，心理描写可显示人物年龄及身份和推动故事情节发展，突出文章主题。

第二章

心理描写范文阅读

1. 两个家

◉ 夏丏尊

"呀，你几时出来的？夫人和孩子们也都来了吗？前星期我打电话到公司去找你，才知道你因老太太的病，忽然变卦，又赶回去了，隔了一日，就接到你寄来的报丧条子。你今年总算够受苦了，从五月初上你老太太生病起，匆匆地回去，匆匆地出来，据我所知道的，就有四五次，这样大旱的天气，而且又带了家眷和小孩，光吃穿费一项也就可观了吧。"

"唉，真是一言难尽！这回赶得着送老太太的终，几次奔波还算是有意义的。"

"现在老太太的后事，想大致舒齐了吧。"

"哪里！到了乡间，就有乡间的排场，回神咧，二七咧，五七咧，七七咧，都非有举动不可，我想不举动，亲戚本家都不答应。这次头七出殡，间壁的二伯父就不以为然，说不该如是草草。家里事情正多哩，公司里好几次写快信来催，我只好把家眷留在家里，独自先来，隔几天再赶回去。"

"那么还要奔波好几趟呢。唉！像我们这样在故乡有老家的人，不好吃都市饭，最好是回去捏锄头。我们现在都有两个家，一个家在都市里，是亭子间或是客堂楼、厢房间，住着的是自己夫妇和儿女。一个家在故乡，是几开间几进的房子，住着的是年老的祖父，祖母，父母和未成年弟妹。因为家有两个的缘故，就有许多无谓的苦痛要受到。像你这回的奔波，就是其中之一啊。"

"奔波还是小事，我心里最不安的，是没有好好地尽过服侍的责任。老太太病了这几个月，我在她床边的日子合计起来，不满一个星期。在公司里每日盼望家信，也何尝不刻刻把心放在她身上，可是于她有什么用呢。"

"这就是家有两个的矛盾了。我们日常不知可因此发生多少的矛盾，譬如说：我和你是亲戚，照理，老太太病了，我应该去探望，故了，应该去送殓送殡，可是我都无法去尽这种礼。又譬如说：上坟扫墓是我们中国的牢不可破的旧礼法。一个坟头，如果每年没有子孙去祭扫，就连坟头要被人看不起的。我已有好几年不去扫墓了，去年也曾想去，最终因为离不开身，没有去成。我把家眷搬到都市里，已十多年了，最初搬家的原因是因为没有饭吃，办事的地方没有屋住，当时我父母还在世，也赞同我把妻儿带在身边住。不过背后却不免有 '养儿子是假的'的叹息。我也曾屡次想接老父老母出来同住，一则因为都市里房价太贵，负担不起，而且都市的房子也不适宜于老年人居住。二则因为家里有许多房子和东西，也不好弃了不管，终于没有实行。迁延复迁延，过了几年，本来有子有孙的老父老母先后都在寂寞的乡居生活中故世了。你现在的情形，和我当日一样。"

"老太太在日，我每年总要带了妻儿回去一次，她见我们回去，就非常快乐，足见我们不在她身边的时候，是寂寞不快的。现在老太太死了，我越想越觉得难过。"

"像我们这种人，原不是孝子，即使想做孝子，也不能够。如果用了'晨昏定省''汤药亲尝'等等的形式规矩来责备，我们都是犯了不孝之罪的。岂但孝呢，悌也无法实行。我常想，中国从前的一切习惯制度，都是农业社会的产物，我们生活在近代工商社会的人，要如法奉行，是很困难的。大家以农为业，父母子女兄弟天天在一处过活，对父母可以晨昏定省，可以汤药亲尝，对兄弟可以出入必同行，

17

对长者可以有事服其劳，扫墓不必化川资，向公司告假，如果是士大夫，那么有一定的年俸，父母死了，还可以三年不做事，一心住在家里读礼守制。可是我们已经不能一一照做。一方面这种农业社会的习惯制度，还遗存着势力，如果不照做，别人可以责备，自己有时也觉得过不去。矛盾，苦痛，就从此发生了。"

"你说得对！我们现在有两个家，在都市里的家，是工商社会性质的，在故乡的家，是农业社会性质的。我在故乡的家还是新屋，是父亲去世前一年造的。父亲自己是个商人，我出了学校他又不叫我学种田，不知为什么要花了许多钱在乡间造那么大的房子。如果当时造在都市里，那么就是小小的一二间也好，至少我可以和老太太住在一处，不必再住那样狭隘的客堂楼了。"

"我家里的房子，是祖父造的，祖父也不曾种田。——过去的事，有什么可说的呢？现在不是还有许多人从都市里发了财，在故乡造大房子吗？由社会的矛盾而来的苦痛，是各方面都受到的。并非一方受了苦痛，一方会得什么利益。你因觉得到对老太太未曾尽孝养之道，心里不安，老太太病中见了你因她的病，几次奔波回去，心里也不会爽快吧。你住在都市中的客堂楼上嫌憎不舒服，而老太太死后，那所巨大的空房子，恐也处置很困难吧。这都是社会的矛盾，我们生在这过渡时代，恰如处在夹墙之中，到处都免不掉要碰壁的。"

"老太太死后，我一时颇想把房子出卖。一则恐怕乡间没有人会承受，凡是买得起这样房子的人，自己本有房子，而且也是空着在那里的。一则对于上代也觉得过意不去，父亲造这房子颇费了心血，老太太才故世，我就来把它卖了，似乎于心不忍。"

"这就是所谓矛盾了。要卖房子，没有人会买；想卖，又觉得于心不忍，这不是矛盾的是什么？"

"那么你以为该怎么办？"

"我也不知道怎么办才好，你知道我自己也不曾把故乡的房子卖去，我只说这是矛盾而已。感到这种矛盾的苦痛的人，恐不止你我吧。"

2. 饿

◉ 刘半农

他饿了，他静悄悄的立在门口；他也不想什么，只是没精没采，把一个指头放在口中咬。

他看见门对面的荒场上，正聚集着许多小孩，唱歌的唱歌，捉迷藏的捉迷藏。

他想：我也何妨去？但是，我总觉得没有气力，我便坐在门槛上看看吧。

他眼看着地上的人影，渐渐的变长；他眼看着太阳的光，渐渐的变暗。"妈妈说的，这是太阳要回去睡觉了。"

他看见许多人家的烟囱，都在那里出烟；他看见天上一群群的黑鸦，咿咿呀呀的叫着，向远远的一座破塔上飞去。他说："你们都回去睡觉了么？你们都吃饱了晚饭了么？"

他远望着夕阳中的那座破塔，尖头上生长着几株小树，许多枯草。他想着人家告诉他：那座破塔里，有一条"斗大的头的蛇！"他说："哦！怕啊！"

他回进门去，看见他妈妈，正在屋后小园中洗衣服——是洗人家的衣服——一只脚摇着摇篮；摇篮里的小弟弟，却还不住的啼哭。他又恐怕他妈妈，向他垂着眼泪说，"大郎！你又来了！"他就一响也不响，重新跑了出来！

他爸爸是出去的了，他却不敢在空屋子里坐；他觉得黑沉沉的屋角里，闪动着一双睁圆的眼睛——不是别人的，恰恰是他爸爸的眼睛！

他一响也不响，重新跑了出来，——仍旧是没精没采的，咬着一个小指头；仍旧是没精没采，在门槛上坐着。

他真饿了！——饿得他的呼吸，也不平均了；饿得他全身的筋肉，竦竦的发抖！可是他并不啼哭，只在他直光的大眼眶里，微微有些泪痕！因为他是有过经验的了！——他啼哭过好多次，却还总得要等，要等他爸爸买米回来！

他想爸爸真好啊！他天天买米给我们吃。但是一转身，他又想着了——他想着他爸爸，有一双睁圆的眼睛！

他想到每吃饭时，他吃了一半碗，想再添些，他爸爸便睁圆了眼睛说："小孩子不知道'饱足'，还要多吃！留些明天吃吃吧！"他妈妈总是垂着眼泪说，"你便少喝一'开'酒，让他多吃一口吧！再不然，便譬如是我——我多吃了一口！"他爸爸不说什么，却睁圆着一双眼睛！

他也不懂得爸爸的眼睛，为什么要睁圆着，他也不懂得妈妈的眼泪，为什么要垂下。但是，他就此不再吃了，他就悄悄的走开了！

他还常常想着他姑妈——"啊！——好久了！妈妈说，是三年了！"三年前，他姑母来时，带来两条咸鱼，一方咸肉。他姑母不久就去了，他却天天想着她。他还记得有一条咸鱼，挂在窗口，直挂到过年！

他常常问他的妈妈，"姑母呢？我的好姑母，为什么不来？"他妈妈说，"她住得远咧——有五十里路，走要走一天！"

是呀，他天天是同样的想，——他想着他妈妈，想着他爸爸，想着他摇篮里的弟弟，想着他姑母。他还想着那破塔中的一条蛇，他说：

"它的头有斗一样大,不知道它两只眼睛,有多少大?"

他咬着指头,想着想着,直想到天黑。他心中想的,是天天一样,他眼中看见的,也是天天一样。

他又听见一声听惯的"哇……乌……",他又看见那卖豆腐花的,把担子歇在对面的荒场上。孩子们都不游戏了,都围起那担子来,捧着小碗吃。

他也问过妈妈,"我们为什么不吃豆腐花?"妈妈说,"他们是吃了就不再吃晚饭的了!"他想,他们真可怜啊!只吃那一小碗东西,不饿的么?但是他很奇怪,他们为什么不饿?同时担子上的小火炉,煎着酱油,把香风一阵阵送来,叫他分外的饿了!

天渐渐的暗了,他又看见五个看惯的木匠,依旧是背着斧头锯子,抽着黄烟走过。那个年纪最大的——他知道他名叫"老娘舅"——依旧是喝得满面通红,一跛一跛的走;一只手里,还提着半瓶黄酒。

他看着看着,直看到远处的破塔,已渐渐的看不见了;那荒场上的豆腐花担子,也挑着走了。他于是和天天一样,看见那边街头上,来了四个兵,都穿着红边马褂,两个拿着军棍,两个打着灯。后面是一个骑马的兵官,戴着圆圆的眼镜。

荒场上的小孩,远远的看见兵来,都说"夜了"!一下子就不见了!街头躺着一只黑狗,却跳了起来,紧跟着兵官的马脚,汪汪的噪!

他也说,"夜了夜了!爸爸还不回来,我可要进去了!"他正要掩门,又看见一个女人,手里提着几条鱼,从他面前走过。他掩上了门,在微光中摸索着说,"这是什么人家的小孩的姑母啊!"

一九二〇,六,二〇,伦敦

3. 我的童年

◉ 许地山

　　小时候的事情是很值得自己回想底。父母底爱固然是一件永远不能再得底宝贝，但自己的幼年的幻想与情绪也像孤云随着旭日升起以后，飞到天顶，便渐次地消失了。现在所留底不过是强烈的后象，以相反的色调在心头映射着。

　　出世后几年间是无知的时期，所能记得只是从家长们听得关于自己底零碎事情，虽然没什么趣味，却不妨记记实；在公元一八九三年二月十四日，正当光绪十九年十二月二十八底上午丑时，我生于台湾台南府城延平郡王祠边的窥园里。这园是我祖父置底。出门不远，有一座马伏波祠，本地人称马公庙，称我们的家为马公庙许厝。我的乳母求官是一个佃户的妻子，她很小心地照顾我。据母亲说，她老不肯放我下地，一直到我会在桌子上走两步底时候，她才惊讶地嚷出来："丑官会走了！"叔丑是我底小名，因为我是丑时生底。母亲姓吴，兄弟们都叫她"妪"，是我们几个弟兄跟着大哥这样叫底，乡人称母亲为"阿姐"，"阿姨"，"奶娘"，却没有称"妪"底，家里叔伯兄弟们呼称他们底母亲也不是这样，所以"妪"是我们兄弟对母亲所用底专名。

　　妪生我底时候是三十多岁，她说我小的时候，皮肤白得像那蜕皮的螳螂一般。这也许不是赞我，或者是由乳母不让我出外晒太阳的原故。老家底光景，我一点印象也没有。在我还不到一周年底时候，中日战争便打起来了。台湾底割让，迫着我全家在一八九六年□日（原

22

文空掉日子）离开乡里。姬在我幼年时常对我说当时出走底情形，我现在只记得几件有点意思底，一件是她在要安平上船以前，到关帝庙去求签，问问台湾要几时才归中国，签师回答她底大意说，中国是像一株枯杨。要等到它底根上再发新芽底时候才有希望，深信着台湾若不归还中国，她定是不能再见到家门底。但她永远不了解枯树上发新芽是指什么，这谜到她去世时还在猜着。她自逃出来以后就没有回去过。第二件可纪念底事，是她在猪圈里养了一只"天公猪"，临出门底时候，她到栏外去看它，流着泪对它说："公猪，你没有福分上天公坛了，再见吧。"那猪也像流着泪，用那断藕般底鼻子嗅她底手，低声呜呜地叫着。台湾底风俗生到十三四岁底年纪，家人必得为他抱一只小公猪来养着，等到十六岁上元日，把它宰祭上帝。所以管它叫"天公猪"，公猪是由主妇亲自豢养底，三四年之中，不能叫它生气、吃惊、害病等。食料得用好的，绝不能把污秽的东西给它吃，也不能放它出去游荡像平常的猪一般，更不能容它与母猪在一起。换句话，它是一只预备做牺牲的圣畜。我们家那只公猪是为大哥养的，他那年已过了十三岁。她每天亲自养它，已经快到一年了。公猪看见她到栏外格外显得亲切的情谊。她说的话，也许它能理会几天。我们到汕头三个月以后，得到看家的来信，说那公猪自从她离开后，就不大肯吃东西，渐渐地瘦了，不到半年公猪竟然死了。她到十年以后还在想念着它。她叹息公猪没福分上天坛，大哥没福分用自养底圣畜。故乡底风俗男子生后三日剃胎发，必在囟门上留一撮，名叫"囟鬌"。长了许剪不许剃，必得到了十六岁的上元日设坛散礼玉皇上帝及天宫，在神前剃下来。用红线包起，放在香炉前和公猪一起供着，这是古代冠礼底遗意。

还有一件是姬养的一对绒毛鸡。广东叫作竹丝鸡，很能下蛋。她打了一双金耳环带在它底碧底色的小耳朵上。临出门的时候，她叫看家的好好地保护它。到了汕头之后，又听见家里出来底人说，父亲常骑的那匹马被日本人牵去了。日本人把它上了铁蹄。它受不了，不久也死了。父亲没与我们同走，他带着国防兵在山里，刘永福又要他去守安平。那时民主国底大势已去，在台南底刘永福，也没有什么办法，只好预备走。但他又不许人多带金银，在城门口有他底兵搜查"走反"的人民。乡人对于任何变化都叫做"反"，反朱一贯，反戴万生，反法兰西，都曾大规模逃走到别处去。乙未年底"走日本反"恐怕是最大的"走"了。妪说我们出城时也受过严密的检查。因为走得太仓促，现银预备不出来，所带底只十几条纹银，那还是到大姑母底金铺现兑底。全家人到城门口，已是拥挤得很。当日出城底有大伯父一支五口，四婶一支四口，妪和我们姊弟六口，一共二十多人。先坐牛车到南门外自己的田里过一宿，第二天才出安平乘竹筏上轮船到汕头去。妪说我当时只穿着一套夏布衣服；家里底人穿底都是夏天衣服，所以到汕头不久，很费事的为大家做衣服。我到现在还仿佛记忆着我是被人抱着在街上走，看见满街上人拥挤得很，这是我最初印在脑子里底经验。自然当时不知道是什么，依通常计算虽叫做三岁，其实只有十八个月左右，一切都是很模糊的。

　　我家原是从揭阳移居于台湾底。因为年代远久，族谱里底世系对不上，一时不能归宗。爹底行止还没一定，所以暂时寄住在本家底祠堂里。主人是许子荣先生与子明先生二位昆季，我们称呼子荣为太公，子明为三爷。他们二位是爹底早年盟兄弟。祠堂在桃都底的围村，地方很宽敞。我们一家都住得很舒适。太公的二少爷是个秀才，我们称为杞南兄，大少爷在广州经商，我们称他做梅坡哥。祠堂底右边是杞南兄住着，我们住在左边的一段。妪与我们几兄弟住在一间房。对面是四婶和她底子女住。隔一个天井，是大伯父一家住。大哥与伯父底儿子们辛哥住伯父底对面房，当中各隔一间厅。大伯底姨太清姨和逊姨住左厢房，杨表哥住外厢房，其余乳母工人都在厅上打铺睡。这样算是在一个小小的地方安顿了一家子。

祠堂前头有一条溪，溪边有蔗园一大区，我们几个小弟兄常常跑到蔗园里去捉迷藏；可是大人们怕里头有蛇，常常不许我们去。离蔗园不远的地方还有一区果园，我还记得柚子树很多。到开花底时候，一阵阵清香叫人闻到觉得非常愉快，这气味好像在现在还有留着。那也许是我第一次感觉在树林里邀游。在花香蜂闹底树下，在地上玩泥土，玩了大半天才被人叫回家去。

妪是不喜欢我们到祠堂外去底，她不许我们到水边玩，怕掉在水里；不许到果园里去，怕糟蹋人家底花果；又不许到蔗园去，怕被蛇咬了。离祠堂不远通到村市底那道桥，非有人领着，是绝对不许去底，若犯了她底命令，除掉打一顿之外，就得受缔佛的刑罚。缔佛是从乡人迎神赛会时把偶像缔结在神舆上以防倾倒底意义得来底，我与叔庚被缔底时候次数最多，几乎没有一天不"缔"整个下午。

4．桥边

◉ 许地山

我们住底地方就在桃溪溪畔。夹岸遍是桃林，桃实、桃叶映入水中，更显出溪边底静谧。真想不到仓皇出走底人还能享受这明媚的景色！我们日日在林下游玩，有时度过溪桥，到朋友底蔗园里找新生的甘蔗吃。

这一天，我们又要到蔗园去，刚踱过桥，便见阿芳——蔗园底小主人——很忧郁地坐在桥下。

"阿芳哥，起来领我们到你园里去。"他抬起头来，望了我们一眼，也没有说什么。

我哥哥说："阿芳，你不是说你一到水边就把一切的烦闷都洗掉了吗？你不是说，你是水边底蜻蜓么？你看歇在水荭花上那只蜻蜓比你怎样？"

"不错，然而今天就是我第一次底忧闷。"

我们都下到岸边，围绕住他，要打听这回事。他说："方才红儿掉在水里了！"红儿是他底腹婚妻，天天都和他在一块儿玩底。我们听了他这话，都惊讶得很。哥哥说："那么，你还在这里闷坐着吗？还不赶紧去叫人来？"

"我一回去，我妈心里底忧郁怕也要一颗一颗地结出来，像桃实一样了。我宁可独自在此忧伤，不忍使我妈妈知道。"

我底哥哥不等说完，一股气就跑到红儿家里。这里阿芳还在皱着眉头，我也眼巴巴地望着他，一声也不响。

"谁掉在水里啦？"

我一听，是红儿底声音，速回头一望，果然哥哥携着红儿来了！她笑眯眯地走到芳哥跟前，芳哥像很惊讶地望着她。很久，他才出声说："你底话不灵了么？方才我贪着要到水边看看我底影儿，把他搁在树芽上，不留神轻风一摇，把他摇落水里。他随着流水往下流去；我回头要抱他，他已不在了。"

红儿才知道掉在水里底是她所赠与底小团。她曾对阿芳说那小团也叫红儿，若是把他丢了，便是丢了她。所以芳哥这么谨慎看护着。

芳哥实在以红儿所说底话是千真万确的，看今天底光景，可就叫他怀疑了。他说："哦，你底话也是不准的！我这时才知道丢了你底东西不算丢了你，真把你丢了才算。"

我哥哥对红儿说："无意的话倒能叫人深信，芳哥对你底信念，头一次就在无意中给你打破了。"

红儿也不着急，只悠悠地说："信念算什么？要真相知才有用哪。……也好，我借着这个就知道他了。我们还是到蔗园去罢。"

我们一同到蔗园去，芳哥方才的忧郁也和糖汁一同吞下去了。

（原刊 1922 年 8 月《小说月报》第 13 卷第 8 号）

5. 愿

● 许地山

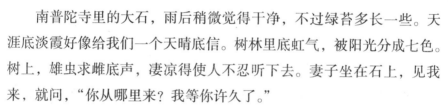

南普陀寺里的大石，雨后稍微觉得干净，不过绿苔多长一些。天涯底淡霞好像给我们一个天晴底信。树林里底虹气，被阳光分成七色。树上，雄虫求雌底声，凄凉得使人不忍听下去。妻子坐在石上，见我来，就问，"你从哪里来？我等你许久了。"

"我领着孩子们到海边捡贝壳咧。阿琼捡着一个破具，虽不完全，里面却像藏着珠子的样子。等他来到，我叫他拿出来给你看一看。"

"在这树荫底下坐着，真舒服呀！我们天天到这里来，多么好呢！"

妻说："你哪里能够……？"

"为什么不能？"

"你应当作荫，不应当受荫。"

"你愿我作这样底荫么？"

"这样底荫算什么！我愿你作无边宝华盖，能普荫一切世间诸有情。愿你为如意净明珠，能普照一切世间诸有情。愿你为降魔金刚杵，能破坏一切世间诸障碍。愿你为多宝盂兰盆，能盛百味，滋养一切世间诸饥渴者。愿你有六手，十二手，百手，千万手，无量数那由他如意手，能成全一切世间等等美善事。"

我说："极善，极妙！但我愿做调味底精盐，渗入等等食品中，把自己底形骸融散，且回复当时在海里底面目，使一切有情得尝咸味，而不见盐体。"

妻子说："只有调味，就能使一切有情都满足吗？"

我说："盐底功用，若只在调味，那就不配称为盐了。"

6. 落花生

● 许地山

我们屋后有半亩隙地。母亲说，让他荒芜着怪可惜，既然你们那么爱吃花生，就辟来做花生园罢。我们几姊弟和几个小丫头都很喜欢——买种底买种，动土底动土，灌园底灌园；过不了几个月，居然收获了！

妈妈说："今晚我们可以做一个收获节，也请你们爹爹来尝尝我们底新花生，如何？"我们都答应了。母亲把花生做成好几样食品，还吩咐这节期要在园里底茅亭举行。

那晚上底天色不大好，可是爹爹也到来，实在很难得！爹爹说："你们爱吃花生么？"

我们都争着回答："爱！"

"谁能把花生底好处说出来？"

姊姊说："花生底气味很美。"

28

哥哥说:"花生可以制油。"

我说:"无论何等人都可以用贱价买他来吃,都喜欢吃他。这就是他底好处。"

爹爹说:"花生的用处固然很多,但有一样是很可贵的。这小小的豆不像那好看的苹果、桃子、石榴,把他们底果实悬在枝上,鲜红嫩绿的颜色,令人一望而发生羡慕的心。他只把果子埋在地底,等到成熟,才容人把他挖出来。你们偶然看见一棵花生瑟缩地长在地上,不能立刻辨出他有没有果实,非得等到你接触他才能知道。"

我们都说:"是的。"母亲也点点头。爹爹接下去说:"所以你们要像花生,因为他是有用的,不是伟大、好看的东西。"我说:"那么,人要做有用的人,不要做伟大、体面的人了。"爹爹说:"这是我对你们底希望。"

我们谈到夜阑才散,所有花生食品虽然没有了,然而父亲底话现在还印在我心坎上。

7. 悲剧的出生

◉ 郁达夫

"丙申年,庚子月,甲午日,甲子时",这是因为近年来时运不佳,东奔西走,往往断炊,室人于绝望之余,替我去批来的命单上的八字。开口就说年庚,倘被精神异状的有些女作家看见,难免得又是一顿痛骂,说:"你这丑小子,你也想学赵张君瑞来了么?下流,下流!"但我的目的呢,倒并不是在求爱,不过想大书特书地说一声,在光绪二十二年十一月初三的夜半,一出结构并不很好而尚未完成的悲剧出生了。

光绪的二十二年（西历一八九六）丙申，是中国正和日本战败后的第三年；朝廷日日在那里下罪己诏，办官书局，修铁路，讲时务，和各国缔订条约。东方的睡狮，受了这当头的一棒，似乎要醒转来了；可是在酣梦的中间，消化不良的内脏，早经发生了腐溃，任你是如何的国手，也有点儿不容易下药的征兆，却久已流布在上下各地的施设之中。败战后的国民——尤其是初出生的小国民，当然是畸形，是有恐怖狂，是神经质的。

儿时的回忆，谁也在说，是最完美的一章，但我的回忆，却尽是些空洞。第一，我所经验到的最初的感觉，便是饥饿；对于饥饿的恐怖，到现在还在紧逼着我。

生到了末子，大约母体总也已经是亏损到了不堪再育了，乳汁的稀薄，原是当然的事情。而一个小县城里的书香世家，在洪杨之后，不曾发迹过的一家破落乡绅的家里，雇乳母可真不是一件细事。

四十年前的中国国民经济，比到现在，虽然也并不见得凋敝，但当时的物质享乐，却大家都在压制，压制得比英国清教徒治世的革命时代还要严刻。所以在一家小县城里的中产之家，非但雇乳母是一件不可容许的罪恶，就是一切家事的操作，也要主妇上场，亲自去做的。像这样的一位奶水不足的母亲，而又喂乳不能按时，杂食不加限制，养出来的小孩，哪里能够强健？我还长不到十二个月，就因营养的不良患起肠胃病来了。一病年余，由衰弱而发热，由发热而痉挛；家中上下，竟被一条小生命而累得精疲力尽；到了我出生后第三年的春夏之交，父亲也因此以病以死；在这里总算是悲剧的序幕结束了，此后便只是孤儿寡妇的正剧的上场。

几日西北风一刮，天上的鳞云，都被吹扫到东海里去了。太阳虽

30

则消失了几分热力，但一碧的长天，却开大了笑口。富春江两岸的乌桕树，槭树，枫树，振脱了许多病叶，显出了更疏匀更红艳的秋社后的浓妆；稻田割起了之后的那一种和平的气像，那一种洁净沉寂，欢欣干燥的农村气象，就是立在县城这面的江上，远远望去，也感觉得出来。那一条流绕在县城东南的大江哩，虽因无潮而杀了水势，比起春夏时候的水量来，要浅到丈把高的高度，但水色却澄清了，澄清得可以照见浮在水面上的鸭嘴的斑杀。从上江开下来的运货船只，这时候特别的多，风帆也格外的饱；狭长的白点，水面上一条，水底下一条，似飞云也似白象，以青红的山，深蓝的天和水做了背景，悠闲地无声地在江面上滑走。水边上在那里看船行，摸鱼虾，采被水冲洗得很光洁的白石，挖泥沙造城池的小孩们，都拖着了小小的影子，在这一个午饭之前的几刻钟里，鼓动他们的四肢，竭尽他们的气力。

离南门码头不远的一块水边大石条上，这时候也坐着一个五六岁的小孩，头上养着了一圈罗汉发，身上穿了青粗布的棉袍子，在太阳里张着眼望江中间来往的帆船。就在他的前面，在贴近水际的一块青石上，有一位十五六岁像是人家的使婢模样的女子，跪着在那里淘米洗菜。这相貌清瘦的孩子，既不下来和其他的同年辈的小孩们去同玩，也不愿意说话似的只沉默着在看远处。等那女子洗完菜后，站起来要走，她才笑着问了他一声说："你肚皮饿了没有？"他一边在石条上立起，预备着走，一边还在凝视着远处默默地摇了摇头。倒是这女子，看得他有点可怜起来了，就走近去握着了他的小手，弯腰轻轻地向他下边说："你在惦记着你的娘么？她是明天就快回来了！"这小孩才回转了头，仰起来向她露了一脸很悲凉很寂寞的苦笑。

这相差十岁左右，看去又像姊弟又像主仆的两个人，慢慢走上了码头，走进了城垛；沿城向西走了一段，但在一条南向大江的小弄里走进去了。他们的住宅，就在这条小弄中的一条支弄里头，是一间旧

31

式三开间的楼房。大门内的大院子里，长着些杂色的花木，也有几只大金鱼缸沿墙摆在那里。时间将近正午了，太阳从院子里晒上了向南的阶檐。这小孩一进大门，就跑步走到了正中的那间厅上，向坐在上面念经的一位五六十岁的老婆婆问说：

"奶奶，娘就快回来了么？翠花说，不是明天，后天总可以回来的，是真的么？"

老婆婆仍在继续着念经，并不开口说话，只把头点了两点。小孩子似乎是满足了，歪了头向他祖母的扁嘴看了一息，看看这一篇她在念着的经正还没有到一段落，祖母的开口说话，是还有几分钟好等的样子，他就跑入厨下，去和翠花做伴去了。

午饭吃后，祖母仍在念她的经，翠花在厨下收拾食器；随时有几声洗锅子泼水碗相击的声音传过来外，这座三开间的大楼和大楼外的大院子里，静得同在坟墓里一样。太阳晒满了东面的半个院子，有几匹寒蜂和耐得起冷的蝇子，在花木里微鸣蠢动。靠阶檐的一间南房内，也照进了太阳光，那小孩只静悄悄地在一张铺着被的藤榻上坐着，翻看几本刘永福镇台湾，日本蛮子桦山总督被擒的石印小画本。

等翠花收拾完毕，一盆衣服洗好，想叫了他再一道的上江边去敲濯的时候，他却早在藤榻的被上，和衣睡着了。

这是我所记得的儿时生活。两位哥哥，因为年纪和我差得太远，早就上离家很远的书塾去念书了，所以没有一道玩的可能。守了数十年寡的祖母，也已将人生看穿了，自我有记忆以来，总只看见她在动着那张没有牙齿的扁嘴念佛念经。自父亲死后，母亲要身兼父职了，入秋以后，老是个不在家里；上乡间去收租谷是她，将谷托人去舂成米也是她，雇了船，连柴带米，一道运回城里来也是她。

在我这孤独的童年里，日日和我在一处，有时候也讲些故事给我听，有时候也因我脾气的古怪而和我闹，可是结果终究是非常疼爱我的，却是那一位忠心的使婢翠花。她上我们家里来的时候，年纪正小得很，听母亲说，那时候连她的大小便，吃饭穿衣，都还要大人来侍候她的。父亲死后，两位哥哥要上学去，母亲要带了长工到乡下去料理一切，家中的大小操作，全赖着当时只有十几岁的她一双手。

只有孤儿寡妇的人家，受邻居亲戚们的一点欺凌，是免不了的；凡我们家里的田地盗卖了，堆在乡下的租谷等被窃去了，或祖坟山的坟树被砍了的时候，母亲去争夺不转来，最后的出气，就只是在父亲像前的一场痛哭。母亲哭了，我是当然也只有哭，而将我抱入怀里，时用柔和的话来慰抚我的翠花，总也要泪流得满面，恨死了那些无赖的亲戚邻居。

我记得有一次，也是将近吃中饭的时候了，母亲不在家，祖母在厅上念佛，我一个人从花坛边的石阶上，站了起来，在看大缸里的金鱼。太阳光漏过了院子里的树叶，一丝一丝的射进了水，照得缸里的水藻与游动的金鱼，和平时完全变了样子。我于惊叹之余，就伸手到了缸里，想将一丝一丝的日光捉起，看它个痛快。上半身用力过猛，两只脚浮起来了，心里一慌，头部胸部就颠倒浸入到了缸里的水藻之中。我想叫，但叫不出声来，将身体挣扎了半天，以后就没有了知觉。等我从梦里醒转来的时候，已经是晚上了，一睁开眼，我只看见两眼哭得红肿的翠花的脸伏在我的脸上。我叫了一声"翠花！"她带着鼻音，轻轻地问我："你看见我了么？你看得见我了么？要不要水喝？"我只觉得身上头上像有火在烧，叫她快点把盖在那里的棉被掀开。她又轻轻地止住我说："不，不，野猫要来的！"我举目向煤油灯下一看，眼睛里起了花，一个一个的物体黑影，都变了相，真以为是身入了野猫的世界，就哗的一声大哭了起来。祖母、母亲，听见了我的哭声，也赶到房里来了，我只听见母亲吩咐翠花说："你去吃夜饭去，阿官由我来陪他!"

　　翠花后来嫁给了一位我小学里的先生去做填房,生了儿女,做了主母。现在也已经有了白发,成了寡妇了。前几天,我回家去,看见她刚从乡下挑了一担老玉米之类的土产来我们家里探望我的老母。和她已经有二十几年不见了,她突然看见了我,先笑了一阵,后来就哭了起来。我问她的儿子,就是我的外甥有没有和她一起进城来玩,她一边擦着眼泪,一边还向布裙袋里摸出了一个烤白芋来给我吃。我笑着接过来了,边上的人也大家笑了起来,大约我在她的眼里,总还只是五六岁的一个孤独的孩子。

8. 西窗风雨

◉ 庐　隐

　　天边酝酿着玄色的雨云,仿佛幽灵似的阴冥;林丛同时激扬着瑟瑟的西风。怔坐于窗下的我,心身忽觉紧张,灵焰似乎电流般的一闪。一年来蛰伏于烦忧中的灵魂恢宏了元气,才知觉我还不曾整个毁灭,灵焰仍然悄悄的煎逼着呢——它使我厌弃人群,同时又使我感到孤寂;它使我冷漠一切,同时又使我对于一切的不幸热血沸腾。啊!天机是怎样的不可测度!它不时改换它的方面,它有时使杲杲的烈日,激起我的兴奋,"希望"像蜿蜒的蛇般交缠着我的烦忧久渍的心,正如同含有毒质的讥讽。我全个的灵魂此时不免战栗,有时它又故示冷淡,使凄凄的风雨来毁灭我的灵焰。这虽是恶作剧,但我已觉得是无穷的恩惠,在这冷漠之下至少可抑止我的心波奔扬!

正是一阵风，一阵雨，不住敲打着西窗，无论它是怎样含有音乐的意味，而我只有默默的诅咒似的祈祷，恳求直截了当的毁灭一切吧！忽然夹杂于这发发弗弗的风雨声中，一个邮差送进一封信来，正是故乡的消息。哎！残余生命的河中，久已失却鼓舞的气力了，然而看完这一封信，不由自主的红上眼圈，不禁反复的念着"寿儿一呕而亡"！

正是一个残春的黄昏里，我从学校回家，一进门就看见一个枯瘦如柴的乡下孩子，穿着一身纠结醒齤的蓝布衣裳，头光秃秃的不见一根头发，伏在一张矮凳上睡着了。后来才知道是新从乡下买来的小丫头，我正站着对这个倒运的小生命出神，福儿跑来告诉我说："她已经六岁，然而只有这一点点高，脖颈还没邻家三岁的孩子肥大呢。那一双只有骨架的手和脚，更看不得。"我说："她不定怎样受饥冻呢，不然谁肯把自己的骨肉这样糟践……你看这样困倦，足见精神太差了，为什么不喊她到房里去睡？……""哦！太太说她满身都长着虱子，等洗了澡才许她到屋子里，她不知怎样就坐在这里睡着了。"我同福儿正谈着，邻舍的阿金手里拿着一块烧饼跑过来，一边吃着一边高声叫："快看这小叫花子睡觉呢。"这乡下孩子被他惊醒了，她揉揉眼睛，四处张望着，看见阿金手里的饼，露着渴求的注视，最终她哭了。福儿跑过去，吓她道："为什么哭？仔细太太来打你！"这倒是福儿经验之谈。（她也不过七岁买来的，现在十七岁了）不过我从来没用过丫头，也不知道对付丫头的心理，这时看见这小丫头哭，我知道她定是要想吃阿金手里的饼。如果是在她自己母亲跟前，她必定要向她母亲要求，虽是母亲不给她，她也终至于哭了，然而比这时不敢开口的哭，我总觉是平淡很多。我想如果是我遭了不幸，我的萱儿也被这样看待，我将何以为情！我想到这里不由得十分同情于那小丫头，因拿了两个铜元叫福儿到门口买了一个烧饼给她，她愁锁的双眉舒展了，露着可怜的笑容在那枯蜡般的两颊上。我问她："你家有什么人？"她畏畏缩缩的往我跟前挪了两步。我说："走过来，不要怕，我不打你，明天还买饼给你吃呢。"她果然又向前凑了凑。我又问她："你爹和你妈呢？"她说："都死了！""那么你跟什么人过活？……"她似乎不懂，看着我怔怔不动，我又问她"谁把你卖了"？她摇摇头仍然不回答。"唉！真是孺子何罪？受此荼毒！"我自叹着到屋里。

萱儿这时正睡醒，她投到我怀里，要吃饼。福儿把炖好的牛奶和饼干都拿来了，她吃着笑着，一片活泼天机，怎么知道在这世界上有许多不幸的小生命呢。

过了两天，这个乡下孩子已经有了名字，叫寿儿。于是不时听见"寿儿扫地"的呼唤声。我每逢听到这声音，总不免有些怀疑，扫帚比她的身量还高，她竟会扫地？这倒有些难为煞人了！那一天早晨，她居然拿着扫帚到我房里来了，她用尽全身的力气，喘吁吁的，不自然的扫着。我越看越觉得不受用，我因叫她不用扫了，但她一声不响，也不停止她的拿扫帚的双手，一直的扫完了。我便拉住她的手说："我不叫你扫，你为什么还在扫？"她低着头不响，我又再三的问她，才听见从咽喉底发出游蜂似的小声道："太太叫我扫，不扫完要挨打。"她这句话又使我想起昨天早晨，我还没有起床的时候，曾听见她悲苦的声音，想来就是为了扫地的缘故吧！但我真不忍再问下去，我只问道："好，现在你扫完了，可以去吧？"实在的，我不愿我灵魂未曾整个毁灭之先，再受这不幸的生命的伤痕的焚炙。我抚摸着萱儿丰润的双颊，我深深的感谢上帝！然而我深愧对那个寿儿的母亲，人类只是一个自私的虫儿呵！

桌上放着的信，被西风吹得飘落地上，我拾了起来，"寿儿一呕而亡！"几个字，仿佛金蛇般横据于我灵区之中，我仿佛看见那可怜的寿儿，已经用她天上的母亲的爱泪，洗清她六年来尘梦中的伤污了，上帝仍旧是仁爱的，使她在短促期间内，超拔了自己，但愿从此不要再世为人了！我不住为寿儿庆幸。

这时西窗外的风雨比先更急了，它们仿佛不忍劫后的余焰再过分的焚炙。不过那种刻骨悲哀的了解，我实在太深切了，欢乐是怎样麻醉人们的神经，悲哀也是同样使人神经麻醉，况且我这时候既为一切不幸的哀挽，又为已经超脱的寿儿庆幸。

唉，真是说不上来的喜共愁——怎能不使我如醉如梦，更何心问西窗外的风雨，是几时停的呵！

9. 童年时代

◉ 庐　隐

当一个成人，回忆到他童年的时代时，总有些眷怀已往的情绪吧！——本来一个人的最快乐的时代要算是无责任、无执著的童年时代了，但我却是个例外，我对于我的意外回想起来，只有可笑的叹息！

我的父亲是前清的举人，我的母亲是个不曾读书的旧式女子，在我出生之前，母亲已经生了三个男孩，本来我的出世很凑巧，正是我父母盼望生一个女孩的时候。可是命运之神太弄人，偏偏在我生的那一天，外祖母去世了。母亲因此认为我是个不祥的小生物，无心哺乳我。只雇了一个奶妈把我远远的打发开，所以在我婴儿时代，就不曾享受到母爱的甜蜜。据说我小时最喜欢哭，而且脾气拗傲，从不听大人的调度。这一来不但失掉了母亲的爱抚，就是哥哥们见了我也讨厌，加着身体多病，在两岁的时候，长了一身疮疥，终日号哭，母亲气愤得就差一棒打死我。还是奶妈看着我可怜，同我母亲商议，把我带到她家里去养，如果能好呢，就送回来，死了呢，那也就算了。母亲听了这个提议，竟毫不踌躇的答应了。

我离开家人，同奶妈到乡下去，也许是乡村的空气好阳光充足吧，我住在乡下半年，疮疥竟痊好，身体也变强壮了。当我三岁的时候，父亲放了湖南长沙的知县，因此接我回去。这时一家人都欢天喜地，预备跟着父亲去享荣华富贵，只有我因为舍不得奶妈和她的小女儿，我心里是悒悒的，终日哭声不止。父亲看见我坐在堂屋里哭，向我瞪着白眼怒吼道："哭什么，一天到晚看着你的哭丧脸，怎么不叫人冒火，再哭我就要打了。"我这时，只得忍住哭声，悄悄地躲到门背后去。

当我们坐着船到长沙去时，我幼小的心灵，不知为什么伤损，终日望着海面呜呜的哭，无论哥哥怎样哄骗，母亲怎能样恫吓，我依然不肯住声。这时父亲正同几个师爷，在商议办一件什么文案，被我哭得心头起火，走过来，抱起我，就向那滚滚碧流里抛下去。谁知命不该绝，正巧和一个听差的撞了个满怀，他连忙抢过我逃开了。——这一件事情，当时因为我仅仅三岁，当然记不清楚了，不过后来我年纪稍大，母亲和姨母们偶尔谈起，我才知道。同时不免激起我一种悲楚的情绪，假使那时便葬身于江流，也就罢了，现在呢，在人生的路途上苦苦挣扎，最后还是不免一死——这一双灰色的眼镜戴上后，使我对人生的估价是那样无聊消极。

我六岁的那年正月，父亲得了心脏病，不过十天就去世了。那时，母亲才三十六岁，而最大的哥哥仅十五岁，我下面还有一个妹妹才四岁。这一群无援无助的寡妇孤儿立刻被沦入愁河恨海之中。母亲是一个忠厚人，对于这突如其来的狼狈局面，简直无法应付，幸喜还有一个忠心的老人家，和父亲的同僚们把父亲的丧事将就办了；一方面把父亲历年所存下的一万多两银子和一些东西都变卖了，折成两万块钱的现款，打了一张汇到北京的汇票——因为我外祖家在北京，我舅父见父亲死的消息，立刻打电报，接我们到北京来。

在我父亲七满后，我的大哥哥同那个老人家，运父亲的灵柩回福建祖茔安葬，我母亲带着我二哥哥——这时三哥已经去世，同我们两姐妹，还有两个婢女，一个女仆，坐船到汉口，换京汉车到北京——正好半路遇见黄河水涨，堤决水奔，顷刻间平地水深三尺，铁路车轨，也浸坏了，火车停在许州。母亲这时因为哀伤操劳过度，身体也感觉不舒服。车既不能前进，旅馆又都被大水冲坏了，长困车上，就是没病的人也受不住，何况是个病人呢。这时我同二哥哥只围在母亲身边跟着哭，母亲呢，神志昏沉，病势似乎不轻。后来幸喜这地方的站长李君也是福建人，而且大家谈起来，他们和舅父很相熟，所以便请我母亲搬到站长家里去小住，等水退时再作行计。站长的房子位置在一座小山上面，水所淹不到的地方。李站长的母亲，是个极慈善的人，她看见我母亲遭了这么大的不幸，孩子们又小，所以非常亲切的对待我们。不过他那里房子有限，我们人太多，势不能都住在他家，因此便叫女仆和两个婢女，带着我，另住在离站不远的唯一的客栈里。我那时对母亲的病，还不懂得急，每日同婢女们玩玩闹闹。有一天中午，我去看母亲，只见她如同发了疯，把身上的衣服，都脱了丢在地上，就是那件放汇票的贴肉的衬衫也剥了下来，幸好李老太太看见了，连忙替她收了起来，不然我们一群幼弱真不知此后如何生活呢！

母亲的病势一天重似一天，李老太太替她到各庙里烧香求佛，但是苍天不仁，百唤不应，眼看得不济于事了。李站长忽听朋友们说，有一个名医，从京来由这里路过，现在也被水阻在这里，所以连忙派人请了来。诊察结果，他说母亲虽不是什么大病，只为了忧伤过度，又加着受了些感冒，所以内热不清，并且身体也虚，需要长期保养，才能望好。

母亲自从吃了这位医生的药，病势渐渐的轻了，在许州整整养了三个月，才好了。这时黄河水势已退，我舅父派我的二表兄到许州来接我们，母亲也急着要走，所以还等不到身体复原就起身了。

到了前门车站时，我的三表姐四表姐和大表哥都来接我们。我记得她们招呼我们在接待室里，吃了一些点心，然后让我们上车，那时正在光绪末年，北平的交通用具，除了骡子还是骡子。这种车子既颠簸，又碰头，我坐在车里，左边一个爆栗，右边一个爆栗，碰得我放声大哭。好容易才到了舅舅家里。——舅舅这时候做的是农工商部员外郎，兼太医院御医，家里房子很大，并且还有一座大花园。表姐妹总在二十人左右，她们见我们来，都跑来看，黑压压拥了一屋子人。舅舅进来了，母亲望着舅舅挥眼泪，舅舅不住摇头叹气，我同哥哥因为认生，躲在母亲背后，不敢见人。后来我的四表姐，拿了许多糖果，才把我哄到里面套间里去，同小表弟们玩，——从此以后我们便在舅舅家里住下了，母亲所带来的两万块钱，舅舅替她放了一个妥实的钱庄里，每月可拿二百元的利息，因此我们的生活比较安定了。

第二年舅舅请了一个先生，教我表兄和哥哥读书。我呢，便拜姨母为师——虽然她也不曾进学校，可是一向经我舅舅教她，也能读《女四书》一类的东西。请她教我这一字不识的蒙学生，当然是绰绰有余了。

读书对于我，真是一种责罚，每天姨母把一课书教好了，便把那间小房子的门反锁上，让我独自去读。我呢，东张张西望望，见这屋里除了一张书桌，两把椅子外，一无所有，这使我内心感到一种说不出的荒凉，简直对于书一些趣味没有。站起来从门缝里向外张望，有时听见哥哥们在院子里唱歌，或捉迷藏玩，我的心更慌了，连忙把书丢在一边，一窜两跳的爬上桌子去，用口水把窗纸沾湿了，戳成一个洞，一只眼睛贴着洞口向外看，他们笑我也跟着笑；他们着急，我也跟着心跳。一上午的光阴，就这样消磨尽了，等到十一点多钟时，我听见门外姨母的脚步声，这一颗幼稚的心，便立刻沉到恐惧和愁苦的漩涡里去，如一只见了猫的老鼠般，伏贴的坐在书案旁。姨母走进门，拿过我手中的书，沉着脸说："过来背书!"唉，可怜，我连字还认不清，又从哪里背起呢!我闭着嘴，低着头，任她怎样逼我，只给他一个默然。这使得姨母的怒火冒了丈把高，一把拖过我来，"怎样，你是哑巴吗?不然就是聋子，叫你背书，怎样一声不响!"我偷偷举眼瞟了姨母一下，晓得无论如何，不能再装聋作哑了，只得放小声音说道："我背不出!"

"你怎么这样笨!一课书统共不到三十个字，念了一早晨，还背不出!那么念给我听!"姨母是要借此下台，所以这样说，但是天知道，我是连念也念不上来呢，可是又不敢不试着念，结结巴巴念了一句，倒念出三个别字来。这一来，姨母可真忍不住了，拉过去我的手心，狠狠的打了十下，一面叹息着说："你这孩子真不要好，你看哥哥妹妹哪个不比你强;你明天若果再这样不用心，就不许你吃饭!"

姨母托着水烟袋，怒容满面的走了。我揩干眼泪，走到母亲房里，谁知又是冤家对头，偏偏碰见姨母也在这里向母亲面前告我呢。所以母亲一见我，便狠狠的瞪了我一眼，厉声厉色骂道："天生成的下流东西，你还有脸跑来见我，为了你念书，不知叫我生多少气!"母亲越说越有气，拿起门后头的鸡毛帚子，按我在床上，拼命的抽了一顿。姨母见打得怨了，才过来劝开，我负着痛躲在帐子里啜泣。可是我心里总不明白，他们为什么这样虐待我。有时也想从此改了吧，用点心读书，可是到了第二天，一走进那间牢狱般的书房，我从心里厌倦，我情愿把白粉墙上的粉，一块块剜了下来，再不愿意去看那本短命的书。结果呢，自然又不免一顿毒打了。有时候也真因念不出书挨饿。可是这种刻毒的责罚，再也不能制服我这拗傲的脾气。

10. 地上的乐园

◉ 庐　隐

一

追求呵，聪明的小灵魂！

生命子我们，正如一个水上的泡沫，随着一阵飘风，便从你面前消逝，永不复返的消逝了。

用你水晶般的眸子，看这苍碧如洗的郊原；淡紫的霞霭孕着美女的爱娇，温柔的阳光，吐着生命的光芒。

用你灵妙的感觉，听宇宙间种种繁弦；切不要忘记时间狡狯的步伐，它是一个狠心的窃贼，盗去你的青春和狂欢。

你须捉住这急如飞箭的人生，在凄惨的人间建造一所乐园。

这奇异的呼声，吹进那菩提叶丛，惊醒了一只失了生命意义的杜鹃，她正在参禅。——带了她深沉的哀伤。

在每一天充满着花香的下午，乌鸦先生夫妇，便一同飞驻于一株荔枝树上，那些熟透了的果实发出醉人的醇芳，它们啄食着，如同享用丰美的筵席，同时它们谈讲关于杜鹃姑娘浪漫的情史：

"喂！亲爱的！你看我们现在能够快乐的吧……但是从前我曾错打了主意，我为虚荣，曾向杜鹃姑娘求过婚，唉！亲爱的！你自然是很明白的，我是碰了一个大钉子。她连正眼都不肯看我一下呢！"

"哦！亲爱的！你说的是现在住在菩提下参禅的那个杜鹃姑娘吗？……你看她那老不干的眼泪，和胸前鲜红的血滴，多么使人悲伤和可怕呵！你怎么会爱上她呢？"

"唉！你不知道！我聪敏的爱人！……她从前住在春天花园里的时候，真是非常的娇艳呢。她穿得像王妃那样阔气，她的衫子是用珠子、宝石和金线缀成的，发出耀人眼目的光华。不瞒你说，连太阳先生都羞得躲藏在白云的背后；她红得像海里珊瑚似的嘴唇，和蔚蓝宝石似的眼睛，……呵！真够迷人呢！并且她还会唱一种凄艳的歌儿，曾使黄莺儿听了流泪，喜鹊和百灵鸟都对她起过妄想，但是她也照样让它们碰一个大钉子。她和春神最好，她俩常常在一处谈笑，……亲爱的！我真为她伤过老大的心呢？……"

"既然这样，她为什么不老住在春天的花园，跑到这里参什么禅呢？……"

"唉！——这真是一个大劫数呢！……那位杜鹃姑娘不久就找到一个情人，就是那个殷勤的布谷鸟。她俩是在葡萄树下遇见的，那时正是深夜，杜鹃姑娘独自到苇塘旁边去会萤小姐，她们谈得太起劲了，而且萤小姐家里的侍女们，都在两旁伺候着；由她们身上发出来的光亮，照耀得苇塘如同白昼。杜鹃姑娘简直把时间这问题忘了，后来还是住在白杨树上的猫头鹰先生，叹了一口气，才提醒了她们，杜鹃姑娘就告辞回来，走到葡萄树下，看见布谷先生对面迎了上来说道：

'美丽的杜鹃姑娘！你是多么富于同情呵！我每夜都在你的窗前，听你的呼吸，看你甜蜜的睡容，直到天亮。我怕被别的同伴们看见，才悄悄走了。美丽的杜鹃姑娘，你瞧我多么渴望着您呢！让我们永远不要分离吧！'

这时杜鹃姑娘的脸都羞红了，但是她心里也爱着布谷先生，她早听见人们称赞布谷先生的忠诚和勤恳。于是她就站住低声说道：

"布谷先生我真荣幸，你是这样的看重我呀！……你知道现在包围我的太多了，但是我从来没遇见过像你这样对我忠心的！……"

"布谷先生惊喜得流出泪来，他不问这问题将会发生什么麻烦，他热烈拥抱住杜鹃姑娘吻她的额和唇。"

"'嘿！粗暴的东西！'杜鹃姑娘含怒的叫了起来，同时扭转身子愤愤的走了。布谷先生叹着气，瞪着眼，几乎昏倒了。他自己怨叹道：'哼！事情竟糟到这地步吗？……接吻算什么呢？怪不得人们都说女孩子惯会装腔作势！……'他嘟囔着回去了。

"第二天这个消息立刻传遍了林中，原来是猫头鹰干的损德事。他早就想打杜鹃姑娘的主意，但是碰了几次钉子以后，他又羞又恨，总想找机会报仇，昨夜他本跟在杜鹃姑娘后面，想乘机会侮辱她，不想偏偏又遇到布谷先生和她调情。他就躲在葡萄树后看个清楚。第二天，天一亮，他就把这消息传开了，而且还加添了许多污秽的材料进去。因此，谁都知道杜鹃姑娘和布谷先生的关系。喜鹊小哥儿用一种讽刺的口吻，向杜鹃姑娘贺喜把她气得吐血，但是不久布谷先生到底和她结了婚。

"布谷先生性情非常勤恳，每天对着那些农夫叫道：'快快布谷！快快布谷！'这声音常把杜鹃姑娘从梦里惊醒，使她很不高兴。而且她的脾气又是非常浪漫的，常喜欢拿玫瑰来作房里的装饰；她又喜欢到云端里去游玩；当她每次请布谷先生同去时，他总是很庄严的说：'我的工作没完。'杜鹃姑娘只好独自走了。这孤单的情形，使她非常伤心，她常常唱着凄凉的哀歌，惹得住在她四周的喜鹊、百灵鸟都非常的厌恨她，常在背后咒骂道：

"不吉祥的东西！好好的偏要唱这丧气歌，……"

"自从杜鹃姑娘结了婚以后，春神就不常和她来往。而她却比从前更想念她了。在一天的清晨，她飞到云中最高的宫殿，那便是春神住的地方。当她走进门时，只见春神正在叹息，好像有什么不祥的事情发生过，她也不敢仔细地问，只坐在旁边发怔。忽听春神说道：'杜鹃姐姐，你来得正巧，我告诉你，我将离开人间了。昨夜火神的太子，已经到此接任，同时他还要带着风姨到人间去，自然我所苦心经营的那些美丽的花草，立刻都要遭劫了。你就可以看见许多使你不高兴的事情！'

"杜鹃姑娘为了这个可怕的将来，她禁不住流出最伤心的眼泪，于是她站起来告辞。她急于要将这次所听到的恶消息传布人间。她从云中凄凉的走回来时，忽然看见她的丈夫布谷先生，满身血迹，死在一株大树下。她惊得怪叫了一声，就昏倒在那一丛树叶上。等她醒来的时候，看见两个猎人，把布谷先生拿起来，装在一只大布袋里，往东去了。这使她明白这惨事的大概了。她放声痛哭起来，惊动了喜鹊和乌鸦先生们。它们都悄悄的来到她的门前打听，呵！真太惨了！她一直号哭了三天三夜。从她珊瑚色的口唇上，淌下鲜红的血来，那时春天的花园，为了这个哭声，都笼罩上一层蒸闷烦苦的云雾。桃花小姐同杏花妃子，现在都憔悴得不成样子。这种悲哀的境地，使得杜鹃姑娘没有勇气再住下去。在一天夜里，她趁着清澈的月光，就悄悄的离开那里，开始她漂泊的生涯去了。"

"她一面向前挣扎着走，一面不住的流泪。有一天她走得非常疲倦，就在一个古庙旁边的柳桥上停住，在那里她遇见了最讨厌的夏蝉。夏蝉在她面前作出得意的样子，高声的唱着，杜鹃姑娘恨得骂道：'浅薄的东西！'这一来惹起夏蝉的火来说道：'美丽的女王！但是现在不是你的世界了！你看看你那狼狈相，那边有一条清澈的小河，可以借你当镜子照照，真是不害羞的宝贝！还在这里骂人呢！'杜鹃姑娘受了这种刻薄的讽刺，她受伤而脆弱的心破裂了，于是她便昏晕过去。夏蝉看见惹出这样的大祸，都吓得跑了。这一阵乱嘈，惊动了在庙里修行的斑鸠太太。她手里拈着念珠，颤巍巍的来到门外；看见杜鹃姑娘，面色惨白的僵卧在地上，她就轻轻把她抱起来，放在她的蒲团上，摸摸她的心，还有温气。赶忙用急救法来救治。过了些时，杜鹃姑娘果然醒过来，睁开疲倦的眼睛，向四围一看；只见慈祥的斑鸠太太，坐在自己的身旁，用怜悯的眼光对她看着，她禁不住流下泪来。

"斑鸠太太极力安慰她，并且给她讲说修道的好处。杜鹃姑娘很受了感动，她想道：自己坎坷的运命，除了皈依宗教，是没有方法再生存下去的。当时她就恳求斑鸠太太替她讲道，从此杜鹃姑娘，就暂且住在斑鸠太太那里，很安静的过了半年。

"但是杜鹃姑娘的运气真太坏了，不久斑鸠太太就圆寂了。她只得到西方的善地，去求涅槃，于是她就住在这株菩提树上。……亲爱的！这就是杜鹃姑娘经过的伤心史呵！"

乌鸦先生和乌鸦太太讲完了这一段故事后，她俩热烈地吻了一回，就一同飞到云间去了。

杜鹃姑娘住在菩提树上，已经一年多了，自从皈依佛门以后，她的眼泪便不常流了。真是心平气静的过着日子。她心心念念在追求西方的极乐世界的实现。她每日多半的时候，都是在沉思冥想。有时她看见西方的云层里，现出金碧灿烂的宫阙，这使得她虔信的心，更加虔信上几倍。这一天早晨，她正坐在菩提树上，凝神参道，忽听见一个奇异的声音，从远远的地方发出来，就是上面所提到的"追求呵！聪明的小灵魂"的那一个奇迹。她的心开始波动了，她不能再静坐了。——连一分钟都不可能。她从蒲团上跳了起来，脸色兴奋得像火灼着一般的发红，身体不住的打抖。她随着那奇异的声音，拼命飞去。不久就来到一座美丽的山上，那里满开着淡绿色的兰花，和浅色的藤花，还有茑萝牵牛，蔓延的生着。远远看过去就像一片锦绣，在和煦的光影下荡耀着。一阵非常浓郁的香芬，将这座山的四围包裹住了。在一丛白色的荼蘼花架下，有一个幸福的小神仙，头上戴着玫瑰缀成的花冠，身上披着一件象征希望的紫色的半臂，赤着一双肉色细玉似的脚。——呵！正是他在说着"追求呵！聪明的小灵魂"那句奇异的话。

　　杜鹃姑娘觉得这种灵音，已突开了心门。从心门里泻出热烈的光芒，和这春山上的一切景色冥合了。这伟大的惊喜，使她无力支持，她的两条腿发软了。她就跪在这幸福小神仙的面前，用火热而微颤的唇吻着他的脚。同时欣悦的眼泪泻了下来，把那一双洁白的脚浸了。那幸福的小神仙，静默望着天，似乎正在祈祷，过了不久，他低下头，用手抚摩着杜鹃姑娘的头说道："呵！患难将你围困得这样狼狈，但是你的灵魂，应当在一切事实以外，得到自由。……你热烈的纯情，和高远神奇的想像，将救你脱离一切的苦难。追求吧，我聪明的小灵魂！这些美丽的鲜花，和醉人的芬芳，将在地上实现，只要你捉住生命，便可以在地上造出一所乐园。……"

　　杜鹃姑娘虔诚地接受了这些昭示。那幸福的小神仙，便将他头上戴的花冠脱下来，郑重的赠给她了。然后那小神仙踏着一朵白云，冉冉的升到苍冥的天空去。

　　杜鹃姑娘把花冠戴在头上以后，她就来到了一条清溪面前照了照，她不禁惊奇的叫了起来。因为她所失去的青春，已经回来了。她非常快乐地来到幸福的神所指示给她的秋原，她打算开始工作。但是秋原上没有一朵花，这使她觉得非常寂寞，于是她把玫瑰花冠拿了下来，将那上面有根芽的一朵，埋在一块松阔的土里，并且用她的眼泪去灌溉，用她的温气去吹扶，一天到晚不歇地工作。不久那花果然发了新的嫩芽。杜鹃姑娘惊喜得连夜里都不能睡觉，只在光影下陪着这新的蓓蕾。那花儿最后是开得非常茂盛，于是她就打算在这里建造地上的乐园。

　　但是在秋原里，忽然开出玫瑰花来。这个消息很快的就传遍了全世界。尤其是多话的喜鹊先生，更加添上许多浪漫的材料逢人便说，刻薄的老鸦就背地里毁谤起来。

有一天他们聚在一株梧桐树上，大发议论：

乌鸦甲说道："你们知道杜鹃姑娘种那些玫瑰花作什么？"

乌鸦乙说道："你真笨货！玫瑰是象征爱情的呵！她正在同人讲爱情呢！这是多漂亮的把戏！"

乌鸦丙说道："她这时候还想讲爱情？哈！哈！真太有趣了！但是谁是她的对象？"

乌鸦丁说道："这个倒不清楚，不过据说云雀公子有点嫌疑吧！"

乌鸦甲又说道："听说有野心的不止一个，而且杜鹃姑娘那家伙听说很浪漫呢！"

乌鸦丙说道："浪漫是现在时髦的名词咧！——"他说完向大家挤了一挤眼，惹得他们都笑起来。

除了乌鸦先生们的毁谤，其余喜鹊先生和燕子小姐们也常喜欢谈谈这件有趣的故事。

这些恶意的毁谤和讽刺，使得杜鹃姑娘非常难受。她曾经好几次灰心。不过她的自信心很强，她不情愿受别人意志的支配。但是她觉得太孤单了，恐怕也是个大困难。因此她依然常常流泪，而且她编了一个曲子，时时的唱道：

> 我孤寂的住在那边树上，
> 谁来同情我的哀伤！
> 早晨的风儿吹干了我的眼泪
> 晚上的幽默把我紧紧纠缠！

她常常唱着这支曲子，不过被乌鸦先生听见了，又不免要冷笑的。只有云雀公子有点动心，他每逢听见这哀婉的歌曲时，必定叹口气道："呵！这真是个太哀伤的生物！"

48

有一次云雀公子曾去拜访杜鹃姑娘。他述说对她的同情。他很会说话，把许多漂亮的文学上的名词，连合起来，好像一篇演说辞。当然，这些话有时也能感动她。因此他们便成了很好的朋友。不过云雀公子的思想，非常倾向于现实，不能了解杜鹃姑娘多变化的心理。不论谈到一件非常小的事情，彼此的意见总不相合。杜鹃姑娘非常伤心，只好离开他，孤独的回到秋天的草原上，依然唱着那伤心的曲子。

有一天杜鹃姑娘正在秋原上独自流着眼泪。那时正是深夜，美丽而微带冷清的月光，照在一望无涯的秋原上。小河里倒映着月影，小小的夜风，飘过河面上时，涌起一层绉褶的银浪。忽见秋原的尽头，有一个黑影出现了。杜鹃姑娘正在惊奇，忽见那黑影越来越近，杜鹃姑娘发抖的叫道：

"呵！夜莺先生——美丽的诗人！你竟在这样的境地出现了！"

那被称为美丽的诗人的夜莺，停在河流的南岸，用柔和的声调，唱着他最近创作的诗篇道：

      我来人间求安慰，

      被运命的毒蛇所伤害。

      永远站在心门外，

      这漂泊的旅客谁来接待！

杜鹃姑娘这时正坐在河的北岸，听了这诗人的哀歌，她心里燃起了热情的火，她向诗人说道：

"我愿接待你呵！请将我的羽衣作一个渡桥，你便可以渡过隔绝我们的这条河了。"

夜莺诗人流出感激的眼泪，接受了杜鹃姑娘的盛意，他踏着羽衣过来了。于是杜鹃姑娘请他并坐在玫瑰花丛的前面。说道："美丽的诗人，我从你的声音里，了解你的哀伤，请将你的经过告诉我吧!"

夜莺诗人道:"杜鹃姑娘! 我知道你是了解悲哀的，我愿意诉说关于我的一切，在你的面前。"

于是夜莺诗人开始述说他生命的故事了:

"你知道! 杜鹃姑娘，在这个世界上是有着复杂的生物咧! 我也就降生在那里面了。我家里有五个弟兄，我是第三个，我的父母很钟爱我，他们教我许多人间的规矩和知识，他们希望我很平凡的过活。但是你知道，天赋与我的心是怎样脆弱而敏感呵! 很轻微的风，也常常压迫我，玫瑰花的刺，也常常刺痛我。呵! 我是一面擦着损伤的心血，一面向前途追求。我曾经独自走过一片大沙漠，那真是怕人的空虚和冷落。我渴得从心底冒出火来，但是要求喝一滴的甘泉也没有。后来我精疲力尽的卧倒了。正在那个时候，我忽见天边闪着一线的神光。我就向这道神光忘命的追上前去。忽见前面现出一片葱茏的大森林来，在那森林里面，有一个伟大的诗人，他身上穿着一件宽袖阔襟的袍子，在微风里非常轻柔的飘动着。他的胸前，有极纯白美丽的银须，在太阳影里发着光，他的四围，有许多的青年人围绕着。那些青年他们茫然的来到人间，心是空空洞洞的。他们的灵魂好像一个刺猬，非常畏缩。但是这时他们是被罩在大诗人的灵光下，萎缩的灵魂才慢慢抬起头来，向他请求指示生命的路程。那老诗人，眼里充满了怜悯的泪光，向每一个寒伧的人儿抚慰。然后他严肃的指着阳光照耀着的那条平坦大道说:'空虚的灵魂们看呵! 那就是生命的路程，你们分头去追求吧! 凡你们所需要的那条路上都有。在一个美满的果园里，生长了各种真理的果实，你们去采吧! 不用多，只要得到一个就够了。……'

"那些青年果然按了诗人的话，向前途去了。这时森林里非常冷静，只剩下那位大诗人，和无穷的幽默。但是他依然站在那里，似乎在等待接引一个最难接引的灵魂咧。

"呵！杜鹃姑娘！这时我正在树林外，我觉得这是诗人特别留给我的好机会。他所要接引的就是我，于是我就跑到他的面前跪下，吻着他的袍襟祈求道：'伟大的诗人！请你给我一些特别的恩惠吧！我是这样空虚而且孤独，你让我跟了你去吧！我知道你的家乡，是全世界最富足而且美丽的地方。让你那菩提树上的圣露，来洗净我的尘垢和疮痂吧！还有那些椰子甜汁，可以医好我嘶哑的歌喉，终年常绿的芭蕉叶，可以作我的被褥咧。……'

"老诗人用冬日太阳般的目光，温柔的看着我说：'孩子！你看那边是月光照临的一条神秘的路，路旁满开着玉簪和晓香玉，也有甜蜜的露滴，可以找到你所需要的果实，——滋养你生命的果实！勇敢些上那条路上去吧！'

"我辞别了老诗人，就忙向他所指示的路上奔去，果然那是一条神秘的路，月光永不离开的照着。而且有一层薄如蝉翼的淡雾，笼照着白色的玉簪和葱郁的松柏树。我就沿着各色的花篱和花架，慢慢的走去。后来我看见一个果园，满树上悬挂着像火一般红的果实。于是我轻轻推开那扇竹篱门，有一个和蔼的老人迎了出来说道：'年轻的灵魂来吧！这里有热情和智慧培成的果实，你可以尽量的享用！'他说着把我引到一株树下，那些果实，就好像绝大的珊瑚帽坠似的，在翡翠似的叶丛中悬挂着。那果树的下面，放着非常洁白的云母石的椅子，我就坐在那里，摘下树上的果实吃了，呵！杜鹃姑娘，那真是奇异可贵的果实呢！一种形容不出来的香甜，直灌进我酸苦的心田里去，把从前的空虚充实了。于是我就定心的住在那个果园里不想再追求别的东西了。

"不知经过多少时候，我忽然觉得那些果实略有些发酸，而且那颜色也显得有些淡了，吃下去以后，心里觉不像从前的饱满。这情形是逐渐的坏下去，于是我又离开了那个果园，不知不觉来到一个新的沙漠上。这时候我心里感到更深一层的悲哀，因为我追求到的第一个幻影现在是破灭了。我对于生命的前途，更加怀疑了！——

"我在这个新沙漠上，搜寻了很久，仍旧一无发现呵！杜鹃姑娘，我没有办法，后来走到一个小村店里，那是斑鸠太太的侄儿开的店铺。我走进去之后，就失神似的向他叫了一声'哦！酒！'他这时正在柜台上算帐。听了我的声音，立刻放下算盘走过来说：'夜莺诗人，要喝酒吧！'我说：'我要浓醇的鸦片酒，让我的苦闷消释于毒醉中，呵！斑鸠先生！你是多么慈爱而且慷慨呢！'斑鸠先生笑着放下酒杯酒瓶，然后低声说道：'多愁的诗人！什么事又苦着你呢！但是酒对于失意人，是很有效用的呀，是不是？'他说完不等我的回答，仍就回到柜台去。我端起酒一口喝尽，立刻觉得眼前的世界变了，眼睛里冒出火星来，心跳得非常的快，不久我便倒在地上了。斑鸠先生走过来，把我扶到床上，一直睡了一整夜，我才醒来。那时斑鸠先生正站在我的身畔说道：

'喂！悲惨的诗人！现在觉得怎样？'

'怎样呵！天！只有天知道哟！'我这样对班鸠先生悲叹着。

"我从那一天毒醉后，就生了一阵热病。这自然是更坏的运气。不过在病床上，我又追求到一个幻影。我觉得现在须得皈依于哲人的真理之前。诗人的诗歌不能安慰我整个的生命，也许哲人的真理，可以克服我一切的烦恼呢！我既开始追求这一个幻影，我便极盼望赶快恢复我的健康，并且我发誓不再喝酒了。

"有半个月以后，我就离开那所小酒店，向我所要追寻的目的地飞去。一路上经过许多冰山和晶莹的雪堆，我的心非常的冷静。最后我来到一所伟大庄严的殿堂，在那里悬挂着历代哲人的肖像。两旁又列着许多书橱，里面满砌着那些哲人的名著，殿堂的台上，坐着几个当代的哲人。于是我到他们面前，恳切的说：'可尊敬的哲人！你们是指示真理给全世界的，请拯救一个失了路的灵魂。请明白的告诉我，怎样才能使我的生命，得到充实！'

"那台上的第一个哲人说：'世界上只有真理是不变的，所以你要能捉住真理的所在，便可以充实你的灵魂！'

"第二个哲人说：'你崇信真理，应如一个神圣，那么你的心便有了主宰，你便不至失路了！'

"第三个哲人说：'你可以把那书柜里的所有的著作都读一遍，在那里你可以得到真理！'

"我听了那些哲人的话，心想也好吧！他们既能左右世界人类的思想，至少总有他们的价值。我便照着第三个哲人的话，把那些书柜中的书逐本的看去。呵！杜鹃姑娘，他们的派别真多，有主张唯物的，有主张唯心的；有一元说二元说的，也有多元说的。真闹得我头昏，我看来看去，我的心越觉得一无所有。我们生活在世界上，就是为了追求这虚无飘渺的真理吗？杜鹃姑娘，我对于这些不能充实我生活的真理实在不能满意。后来我又看了几部《佛经》，它们的主张，真太不自然了，现世的生命不能充实丰满，而倒去讲什么来世的因果。这也许有更多人赞成，但是我呢！确确实实感到多种生命的力，变成小小的虫儿在咬我的心。我不得不设法应付它们。有时被它们恼得只想自杀，于是我赶忙躲开这殿堂，向那人烟稠密的地方去鬼混。"

"这时我的第二个幻影又破灭了。杜鹃姑娘！我形容不出我的悲哀与失望呢！……

"呵！杜鹃姑娘！我告诉你，我本来打算走的两条路，一条是向灵的，一条是向肉的。灵的现在我已失败了，于是我开始过肉的生活，我在最繁华的闹市上居住了。

"那正是春天快完的时候，火神的太子在夜里舞动他的火剑，于是一股温热的风，吹到人间。同时疲倦的虫儿，使用它的魔术，把世界上一切的生物，都弄得非常疲软。这时我是住在鹦鹉姑娘的店里。她们那里非常热闹，麻雀哥儿和老鹰先生，时时到那里去喝得醉醺醺的，故意和鹦鹉姑娘起哄。本来那些鹦鹉姑娘，有意卖俏的装束和巧笑的诱惑，也实在是招惹是非的祸源呀！杜鹃姑娘！你自然很能猜到我那时的心情，我是从种种失望的深渊里挣扎出来的，我的心是空虚得什么也没有，同时我是热烈追求一种占据心灵的东西，……呵！无论什么东西都好，只要它是能使我的心充实。……"

"那几位鹦鹉姑娘，似乎都在注意我这漂泊的旅人。她们有时故意站在我的面前，展开她们美丽的翅膀，用那温滑而闪光的绿色羽衣，来勾引我的注意。有时她们在电灯光下，露着她们娇红的笑靥。但是我为了这些，只觉得心酸。唉！杜鹃姑娘！我不要那些呵！那只不过是几种虚幻的颜色，而我的心正渴着呢，正病着呢，这些肤浅的东西能治得我好吗？我叹着气，关上我的房门。唉！她们在门外讥笑我，说我是个傻瓜，连调情都不懂！我被那尖锐的笑声刺伤了可怜的心，我便预备第二天搬到别处去。"

"这一夜我一点也没睡着，远远看见月儿小姐，靠在蔚蓝色的屏风前，暗暗的叹气；风姨悄悄跑过我的窗下，发出一阵凄清的响声。……"

"正在这个时候，我听见我的门上，有人用手指轻轻叩着，我从床上跳了起来问道：

'谁呵？在这样深夜叩我的门？'

'哦！美丽的夜莺诗人！是我呵！'

'你到底是谁呢？为什么你的声音是那样颤抖！'

'我是世界上一个可怜的灵魂，一个沦落无归的灵魂呵！'

'那么你来叩我的门，是要我帮助你吗？'

'是呵！要是你愿意帮助我，我永远感激你呢!'

"杜鹃姑娘！这时我差不多已经知道是谁了。就是那鹦鹉中最小的一个。今天白天，她曾经对我丢过眼色，并且她曾悄悄的说过：'美丽的诗人！我崇拜你呢!'

"后来我轻轻的开了门！果然是小鹦鹉姑娘。她向四面慌张地寻察了以后，很快地跑进我的屋里，忙忙地关上门。她脸色非常的红，悄悄躲在一个角落里坐下。我只是一声不响的望着她。这时四境非常寂静，使我听到她心弦急切的波动，我很觉得难受，我于是问她：

'鹦鹉姑娘，有什么意外的事，使你这样紧张吗?'

'唉！夜莺诗人！你知道热烈的爱，在使我紧张呵！……我知道你还是独身的……这使我多么高兴!'

'哦!'我竟找不出一句话来说。因为这种如疯狂般的热情把我吓怔了。

"小鹦鹉姑娘含着泪，把她伤心的历史，慢慢的告诉我。她说：

"'夜莺诗人！我是世界上最孤零的灵魂，我的母亲五年前就死去，我的父亲出家当了修道者，我的家庭被几个匪人拆毁了。我独自逃了出来，就在这个店里作个小使，我没有安身的地方，我知道你是世界上最多情的诗人。你一定能同情我，因此我深夜里跑来，和你诉说呵！美丽的诗人！救我爱我吧!

"杜鹃姑娘！当时我为了她的痛苦，的确流出眼泪来。于是我答应尽我的力量帮助她，但是杜鹃姑娘，我并不爱她，不过这时在我心里有一个新的光明在闪动，那就是神秘的爱，伟大的爱，我想世界一切的不调协不统一，都只靠爱来调协来结合的，爱的确是一根无所不系的链条。

"天将发出曙光的时候，鹦鹉姑娘才走了。……从此我便不想搬走，一直住过一个夏天。并且我实践了我的约言，件件事情为小鹦鹉姑娘帮忙，——然而我并不想和她结婚，最大的理由：是她并不曾充实我的心，我所追求的并不是一个肉体。但是那些造谣言的乌鸦先生，把我们的关系说得叫人恶心，我实在不能再忍受了，因此我又由那肉的世界逃亡了。……

"我自从离开那繁华的世界以后，真要实行我自杀的计划。我抚摸着心上的三道伤痕，仿佛是得到三次绞刑的痛苦经验。我不能再受更多的荼毒了。因此我在这死寂的深夜中，从忧患的路上，一步一步挪到这秋原的河边，唱过我为自己制造的哀歌以后，就立刻使自己沉下河底去，不想竟这么巧，恰好遇见你。呵！杜鹃姑娘！"

悲哀的夜莺诗人，两眼泛溢着伤痛的眼泪，晶莹得像是蔚蓝天幕上嵌着的明星。杜鹃姑娘用手帕替他拭干了说道："现在我懂得以前所不懂得的事情。我们都是从冷酷的世界中追求希望的俘虏，……很巧的我们是遇见了，从前我们所弹的是寒伧的单音，现在我们变成合奏的双音了。呵！美丽的灵魂！让我们在地上建设一所乐园吧！"

二

现在夜莺诗人和杜鹃姑娘的两颗心，从它们的隔膜中跳了出来，赤裸裸的如同一对圣婴。他们不穿掩遮真实的衣服，只在玫瑰花丛中，互相携着手，显示各个人的真自我。这时天上的群星，都从云层中探出头来，张着它们那惊奇发亮的眼睛，窥视这地上稀有的奇迹。哦！这美丽和谐的心乐，使得群星迷醉了。它们忘记了自己的职守，织女星竟大胆的渡过天河与牛郎欢会。它们早已忘记了安排定的命运，那种绝大的力，是在全世界万物的心里跃动着呢！

两朵纯洁的白云，从那两个灵魂中涌了出来，向四围散开去，将这秋原上的山岳河海都笼住了。为了他们纯真的热情，织成绝大的金线的网，这个网可以网尽人间的和谐与欢悦；并且又如同白金造成的墙垣，在温煦的日光中，发出灿烂的光耀。

在秋原的西北一带，静立着一座玲珑苍翠的山；两层密岗的中间，有一条高矗霄汉的削壁，上面倒挂着一道三千多尺长的瀑布，水花像飞珠般溅在四面的山崖上，发出狂骤的乐音；恰像无数的英雄，在寂静的深夜里，乘着骏马在石头路上奔驰。

幽深的山谷里，满开着素兰花，清洌的芬芳，微风吹来，弥漫了秋原。山脚下，有一道曲折蜿蜒的溪流，往东南流去，溪水非常清碧，仿佛透明的玻璃。小溪的两旁，排列着垂丝的柳树，柔软的枝条，不住在风中飘动，倒影映在荡漾的水波上，活跃如哲人的思想。溪旁住着一对黄翅胭脂尾的蜻蜓，它们是这溪流的水神的化形，常常都在溪岸上徘徊，静听和悦的心音。

溪尽头，有一座小小的院落，黄色黏土掺和着白色的碎石砌成的土墙，正攀援着碧玉色的爬山虎，和金银藤。从一个月洞门走进去，红艳的玫瑰花，正含着笑靥向人点头，在玫瑰花丛的后面，有三间非常清雅的屋子，那就是夜莺诗人和杜鹃姑娘所住的地方。

自从他们建设了地上的乐园，这消息不久就传遍全世界。有一天夜里，春天的花神们，都离开她们的宫殿，坐着紫彪所驾的六轮宝车，从云漫的路上，到乐园来。当她们停在乐园的门外，轻轻的叩着门时，夜莺诗人披上紫色羽毛的大氅，来在门口问道：

"谁在用柔软的手指叩我们的门？"

"我们是司花的神女，……只有我们能使失去的青春回转，我们是一切艺术的权威。——美丽的诗人，开开你的心门，来欢迎我们吧！"

"是的花神！我相信你对于人间的权威！悲惨的人间，若不是你们来调和，真不知道要发生怎样可怕的现象呢！请候一候或将打开心门接待你们。……"

"唉！门外如何有这样的芬芳，与灿烂的光亮？……亲爱的！究竟发生了什么事情呢？"

杜鹃姑娘戴着白色玫瑰的花冠，披着白色的羽衣，站在石阶上向夜莺诗人问着。

夜莺诗人唇上浮着天真的浅笑，答道："亲爱的！快些来欢迎春天的花神吧！"

他说完将乐园的门，从里面一直开到外面。于是在那一条白石砌成的路上，走进一位丰姿美丽的花神，和她的仆从。

这时蝴蝶兰披上它淡紫色的绣衫，海棠花露着她娇红的笑靥，正和清丽的月光接着吻。轻薄的风姨，故意向他们中间走去，并且很俏皮的触了他们一下，海棠花便顺势扭过身子，和金钟罩打了一个照面，只见金钟罩向他含笑点头，于是这乐园中充满了鲜媚和娇羞。

花神坐在温香的锦墩上，从内心深处发出赞美的叹息来说道：

"夜莺诗人和杜鹃姑娘！每年春天，我们总要到人间来点缀风光。但是那个时间太匆促了，而且我们无论将自己创造得怎样美丽，但永远不能使充满暗愁的人心快乐。现在我来到你们的花园里，……你们是超越可怕的时间和空间而创造你们美丽的生活。你们秉有人间最高的智慧和热情，我愿永远为你们的幸福歌颂！"

花神说完她的祝词的时候，忽见蔚蓝色的云层上，闪出鲜艳的红光来，围绕着红光的中心，一个美丽的爱神，展开她洁白的双翅，飞落在一株极茂盛的菩提树上，她右手拿着弹弓和牙箭，左手捧举着一个白色的玉瓶，她凝神注视着人间，发出悠扬的歌声道：——

"我是人间司爱的神。

这一把锋利的牙箭常随身，

射穿两个隔膜的心壁：

救渡人间不和谐的灵魂！

我是人间司爱的神，

这一瓶纯净的甘露常润唇，

消除人心深处的饥渴：

永远歌颂人间和谐的灵魂！"

爱神的歌声静止了。夜莺诗人和杜鹃姑娘都流出欢喜的眼泪来，爱神收起她的牙箭和玉瓶，含笑来到花神和夜莺诗人的面前，赞叹道：

"呵！这地上的乐园已建设得很美满了！你们得补人类所有的缺陷，伟大与美丽将永远属于你们了！"

爱神说完，便约着花神一同离开乐园。她们要把这可贵的建设，输进一切人的心灵里，使他们从悲惨的梦境中醒来。

从此夜莺诗人和杜鹃姑娘，就在这种丰富美丽的芳园中生活着。人间仍然演着各种的悲剧，转变着不同的时序，而在这所乐园中，永远浮泛着纯真的微笑，超然的神韵，有时显示着无限的幽默，有时是闪烁着生命的光耀。风永远和煦的吹着，花草永远保有它们的青春。

但是撒旦为了这件事，非常愁烦，他知道，两个绝对和谐的灵魂，是不怕任何的伤害，他们不懂得忌妒不会憎恨，也不追求虚荣。他们的心是比有一百座金山和一屋子金银钻的富翁更富，更充实。这种情形，使撒旦非常忌恨，他每天躲在一朵郁暗的云层后面，寻找破坏和谐的机会。

在一天晚上，蔚蓝的天色，被繁密的云层所遮掩。人间正弥漫着秋的哀歌，蟋蟀在墙阴下唧唧的叫着。冷利的风，撼着梧桐发出唏嘘的叹息。撒旦觉得这是一个好机会，于是他装扮自己像一个美丽的女郎，她来到杜鹃姑娘的窗下，轻轻的敲着玻璃窗道：

"我是水神，我住在乐园旁边的海里，今夜天上没有星，也没有月，这是多么寂寞冷清的夜呢！但是在水里的宫殿中，有着圆润的明珠，鲜红的珊瑚；所以我来邀你一同去游玩。"

杜鹃姑娘听了撒旦的一篇谎言，便悄悄的走了出来。这时夜莺诗人正在作着诗歌，杜鹃姑娘不愿去搅乱他，就独自随了撒旦离开了乐园。他们慢慢走到一片荒野上，撒旦就借着黑云的暗影躲在密林里去了。杜鹃姑娘不见了水神，她只得停住脚步，但是她这时心里感到一种繁重的惆怅，久已告别的寂寞和虚空，现在又紧紧的将她包围住，于是以往的一切坎坷，又都一幕幕重现出来，她不知不觉流着伤怆的眼泪。正在这时，他听见一阵狞恶的笑声，那声音异常刺耳，她凝神想了想，她不禁愤怒的叫了起来：

"啊！撒旦，撒旦！……"

那自称为水神的撒旦，从树林里跳了出来，浑身穿着黑色的丧服，一双凶恶冷酷的眼，露着可怕的光芒，对着杜鹃姑娘冷笑道：

"勇敢的小生物，你终究是我手下的俘虏！"

"噢！残忍的恶魔，去！不要再用诡计陷害我。人间虽然都是缺陷，然而我绝不为那事动心。你知道，我的灵魂并不孤单，我的生命的根芽是种在和谐里。除非人间绝对没有和谐，否则你是伤害不了我的。咳！撒旦！你白白的布下陷人的网罗。但是我要从你的巨爪中逃去。我不相信命运，我不愿在那些残忍的桎梏中过活。去！……你看我灵魂的伴侣已经来接引我了。——呵！亲爱的——夜莺诗人——快些奏起我们和谐的心乐！用你纯洁的情爱之光来照亮我晦塞的心……"

撒旦正在得意的狞笑着，忽见眼前一道刺眼的光亮，在那光亮下面，夜莺诗人正拥抱着杜鹃姑娘。这两个暂时隔离的心现在合在一处了，而且那光耀比从前更纯洁更固定。撒旦在树阴中存身不住，只得没命的逃走了。

夜莺诗人同着杜鹃姑娘，仍回到乐园。这时天上如絮的云层，渐渐稀薄了。云背后射出清利的光芒来，正是月姊的明眸在流盼。群星也都闪着亮，仿佛聪明孩子的眼睛。乐园上的花群，都静默的环绕着他们，似乎一动就可以使这一对深酣的灵魂感到惆怅；这境地的一切都是十分温柔的。那些工作疲倦了的银翅蝴蝶无忧的偎着花心睡去。小溪里的水，也是悄悄的呼吸着。呵！神秘的夜，现在包裹着整个的人生呢！

美丽而轻软的歌声，从诗人的身心中发出，吻着每一朵玫瑰的香唇。……

　　"飞呵！轻轻的飞！

　　我们有一对玲珑的羽翅，

　　和谐的生命海中；

　　漾着灿烂的银辉。

　　飞呵！高高的飞！

　　有一株菩提树，在天边，

　　丰富的花果园中；

　　是我们永生之宫！"

在这种纯净和美的天空中，降临了一个夜游神，他胸前佩着一颗硕大的夜光珠，照耀他飘洒的银须。一双和善的圣眼藏着宇宙所有的和平。他用银钟般爽亮的声音向他们说道：

"我是夜游神，我左边所佩的宝囊中，有神秘的种子，我要播植在人间最真实的灵田中。聪明的灵魂用你们圣洁的心泪将它灌溉吧！等到天明，你们要使它开出美丽的花来。……"夜游神放下宝囊，化一阵清光消失在那葱茏的森林中。夜莺诗人将宝囊郑重埋在一块松软的土里，不久园中所有的促织，奏着幽细的音乐。那正是悲哀中有欢喜，欢喜中有悲哀的繁弦复音。同时天上涌出五彩的祥云，将这乐园幔住。俏丽的鲜花，都起来跳舞。

远远的鸡声高唱了，夜游神惆怅的回宫，当他经过乐园时，看见神秘的花已开得非常茂盛。于是由惆怅的心田流出欢喜的眼泪，他看见了人间绝大的成功！

过了些时候，撒旦在他的幽穴里，想起地上乐园的事情，又使他不知不觉愁恼起来，他自己叹息道：——

"我不能忍视这地上的和谐呵！"

他想夜莺诗人同杜鹃姑娘无论怎样超绝伟大，但他们总还是人间的生物。他们对于人间的讥讽能终不动心吗？对于世上的声色货利能终久摒弃吗？……不！失败也没有关系，我还是要设法破坏他们……

在第二天早晨，乐园的门口，忽发现一个极美丽的少女，身上穿着钻石缀成的衣服，颈上戴着珍珠和宝石镶成的花冠，手里捧着紫玉的短箫，婉转的唱着。那声音好像温风穿过娇艳的素馨时的香软。夜莺诗人非常惊奇的跑到门口问道：

"呵！谁在唱着人间最娇美的歌声！"

"是我，诗人！我是幸福的渊源！"

"哦！幸福的渊源！"诗人的心有些发跳呢！

"不要踌躇吧！我能给你爱，给你富，可爱的诗人跟我来吧！"

"但是！你住在什么地方？……"

"我吗？住在人间最富丽的宫殿，……就在那片树林子的后面。"

诗人用他聪明的眼，向那边树林外观看，只见在阴秽愁惨的云雾下，果然有一所华丽的宫殿。他的心渐渐镇静了，光明了，他厉声对那女郎说道："去吧！声色货利的恶魔！世人也许个个都需要你，但是我永远拒绝你，我的生命是建设在真实的和谐里……"

诗人将乐园的门关上，不再为那淫靡的声音，炫目的华丽而动心了。

撒旦见他的计策又失败了。他摔碎了玉箫，脱下身上的衣服，践踏在泥土里，恨恨的叫道："想不到人间竟有这样超越的灵魂呵！……"

撒旦非常扫兴，也不愿回穴中只在外面徘徊，当他走到一株白杨树旁，正遇见黑衣的乌鸦先生。撒旦想起乌鸦先生诡计最多，并且从前他曾碰过杜鹃姑娘的钉子，他一定会用他的全心力，想出报仇的方法。于是他整了整衣襟，很恭敬的向乌鸦先生问安，他说：

"可敬的乌鸦先生！我向你祝福！"

乌鸦先生仰头见了撒旦，显出非常高兴的面容，答道：

"有势力的撒旦先生！全人类都作过你的俘虏，祝你运气好！"

"哎！乌鸦先生，不用提了！从前只要是太阳经过的地方，都有我的势力存在，但是现在地上有了乐园，我的权威扫地了！"

"哦！你说的地上乐园，是那一对不知事故的生物的故事吗？……我们也正在这里谈到他们，但是你是有种种的法术和本领，为什么不尽量施展呢？"

"唉！一切都失了效用！"撒旦不住的叹息着说："我曾经将人间的声色货利显示给夜莺诗人，也曾把荒墟上的苍凉寂寞指引过杜鹃姑娘。而最后他们是用绝大的光明，热爱，战胜了我。他们将乐园的门紧闭了呵！"

"那么你为什么不请求火神的太子，把火剑抛进园中，把乐园烧毁呢？不然，你就去请求风神，把园里的花木房屋摧毁呀！……"乌鸦先生悻然的问着。

"哦！不行！无论什么东西都不想伤害他们分毫！……"

"哎！这真够使我们烦恼呢。但是亲爱的撒旦先生！请你不要灰心吧！等我去访问几个朋友，或者有什么好方法吧。……"

"好吧！我虔心的祝你成功！"撒旦辞别了乌鸦先生，回去了。

乌鸦先生穿上元青色的羽毛。离开白杨树，去访问暴躁的火神太子。——不久他就来到火神的宫殿前，只见那宫殿的墙，全是用红色的砖瓦砌成的，一股热烈蒸闷的火云，笼罩着宫殿。空气非常蒸热，乌鸦先生满身都汗湿了，汗珠一颗颗好像黄色的豆子从身上滚了下来。他深深的吐了一口气，来到大殿上向火神太子问安，然后他很从容的说道：

"可敬的太子呵！你是人间最有势力的神，你能使万物生，也能使万物死，……但是你虽摧毁了人间的青春，可是你遗忘了那所地上的乐园呢！……那里的风永远是温柔的吹着，花是永远娇媚的开着。这一来使你的权威扫地了！"

火神的太子听了乌鸦的报告。由不得暴怒起来，怪叫道：

"快些牵我的赤龙来！"

乌鸦先生见事情将成功了。他非常的高兴，并且又在旁边谀扬火神太子道：

"呵！伟大的火神太子！他们是不晓事的，但只要见了你的威势，他们一定要自己懊悔了！"

一匹赤色的火龙，已经牵来了，火神太子翻身骑上，挥动耀眼的神鞭，匆匆向人间去了。

在一天的夜里，人间的春光，正非常的绚烂，柳树哥儿穿着嫩绿的新装，站在牡丹芍药的面前，得意的凝视着。丁香和海棠也都修饰得非常俏丽。但是不久，忽见天边闪出一道红光，一个穿着红衣的神人，手里挥动着一把火剑，于是人间起了一阵蒸热的狂风。

第二天早晨，乌鸦先生看见满地都堆着落花残瓣，美丽的春光已经消失了，他知道火神太子已经来到人间。……但是地上的乐园里，不知变成什么情形了？因此他忙忙来到乐园的门口敲门，杜鹃姑娘将门开了问道：

"谁呵？"

"哦！美丽的女王！我是——你的旧朋友呀！"

"唉！原来是乌鸦先生吗？……有什么消息，使你这样早来叩我们的门。"

乌鸦先生这时已经看见乐园里的群花，依然很娇艳的开着，一种又惊奇又懊恼的心情，将他包围住了，脸上发出惆怅的神色，吱唔道：

"没有什么消息！……不过我今早从这走过，看见满地落花，这使我非常伤心，我想着你也一定要伤感的；所以来看看你……但是你们的乐园中依然是非常美满！……"

杜鹃姑娘很谦和的答道：

"是呵！乌鸦先生，我们这里并没有什么变故发生呢！"

乌鸦先生怅然的叹了一口气，低声说道：

"那么我们再会吧！"它披起黑色羽氅，踉跄的向那密林中隐去，杜鹃姑娘在回来的路上，遇见了夜莺诗人。他们站在一株翠碧的菩提树下。清风从他们头顶掠过，一阵习习的响声，缭绕着茂密的树枝间。杜鹃姑娘仰头看见蔚蓝的云天，漫着一层火红的霞光，她不禁叹了一口气道：

"唉！人间的青春在昨夜已经丧失了！"

美丽的夜莺诗人，这时在他的唇上浮着纯真的微笑道："亲爱的！这又值得使你伤心吗？……我们的生命根本就不建设在事实的人间，我们的灵魂是永远自由的，那玫瑰的花根是埋在我们的心里，除非我们'自我'消失了，我们心上的玫瑰将永远都保持它的娇羞呢！亲爱的！我们是生在缺陷的人间——那缺陷是一个深奥的幽谷，但同时也是神秘的呵！那里面有着活跃的神龙，有发红光的火珠，有美丽的兰花，我们只要肯向深处追求，肯定可以看到更美丽更好的东西呢！"

"唉！亲爱的，你听外面有着什么声音？……我的心有些发慌，对于你那美妙的言辞，我感到战栗呢！"

这话使夜莺诗人感到不详的预兆。于是他请杜鹃姑娘安静的坐在菩提树下，他独自来到乐园的门外查看。只见人间受尽了火神太子的荼毒，没有娇艳，也没有芬芳。沿路的树枝；都低垂着头，在那里发出疲弱的叹息。地上的沙石；好像才从火里捞出来的铁豆般，闪着热怒的光焰，向人们的脚掌心烤炙。人们不住擦着汗，在树荫下喘息。

在一条干燥的山峰上，正走着一队旅客，他们肩上挑着劳苦与责任的担子，向山上拼命的蹒行。这山路布满了破碎的石块，路旁长满了荆棘，他们一面走着，一面脚上淌血。后来走到一座削壁前，那路更难走了，他们只好放下担子，坐下休息。但是他们的肚子非常饥饿，他们的心非常空虚，所以不久他们仍然挑起担子，奔他们的前途，他们期望在那目的地有着理想甘泉。

这时候夜莺诗人飞到一株极高松树的尖顶，向远处窥探，他怀疑他们所希冀的甘芳，不知到底是什么情形？最后他看见在这条路的尽头，有一座巍峨的石牌坊，上面漾着几个金色的大字："人生的归宿"，在那牌坊底下，有无数无数的劳苦与责任的担子，从每一个人肩上御下，堆在那里，而那些人们都安然的睡去了，在他们的脸上浮着胜利的微笑。

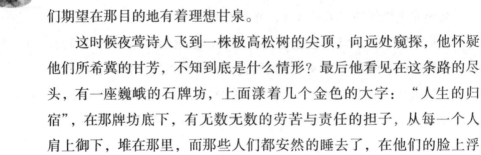

夜莺诗人脆弱的心，悄悄的哭着，他不忍再看下去，忙忙奔回乐园，跪在杜鹃姑娘的面前，流出最辛酸的眼泪道："呵！我的生命！我懂得什么是'人生的归宿'了！我不愿追求那飘渺的理想的甘芳，吾爱！用你明媚的眼睛向我看，我要在你纯真的爱光中沐浴。吾爱！请将你玫瑰的唇吻我，我要在你热烈的情流中忘记生和死的恐怖！让你心田里开出些稀有的花朵吧！唉！吾爱！你不知道那条人间的道路，是怎样的枯燥无聊呵！我要将你所赐予的花朵，分赠给那些渴想甘芳的旅客，他们的心身都呈露着非常的疲惫，便连眼泪都挤不出来了！……"

诗人伟大同情的声音，惊动了乐园中酣睡的蝴蝶，它们顿时揉开倦眼，披起彩衣，纷纷来到诗人的面前，向他默默的膜拜，从身心中发出欢喜的赞美。那纯洁的同情之泪化成丝丝的雨露，向那一队旅客身上飘去。同时在那路旁发现了一条小溪，潺湲的细流经过这一队旅客的眼前时，人人如疯似狂的叫了起来：

"呵！水！水！……"

他们把地上的瓦块，作了一玉杯，将这甘露舀在里面，喝了下去，于是他们的眉峰舒展了，眼睛发亮了。这时他们忽然看见前面树林中闪着腥红的点子，一股清醇的果子香，从风中送过来。于是他们跳跃着奔到那树林里，果然有许多熟桃挂在绿树上，他们在树下饱餐了一顿，精神陡然活泼了，每人的心里，似乎都开了一朵美丽的鲜花，他们心底发出对生命的歌颂！

这声音很清楚的传到乐园里。杜鹃姑娘惊喜的叫道：

"呵！亲爱的诗人，你听了什么声音吗？这样轻盈松快的乐音，我是头一次听见。唉！吾爱！现在我们才发现了人间的美丽呢！"

夜莺诗人听见杜鹃姑娘的一番话，只点了点头，没有回答什么。因为他这时心里有着一种繁重的压迫，他看见杜鹃姑娘非常疲弱的倚在菩提树根上，眼睛里射出奇异的光芒向着那遥远的森林凝视。在她的唇上浮着胜利的微笑——但是那种微笑是非常使他惊心的。他很清楚这种胜利的笑靥，是和人生的归宿那石牌坊下的安息者的微笑没有一点分别。他急忙来到杜鹃姑娘身边，将她紧紧的抱在怀里，但是他已看见张着黑翼的死神，躲在一朵黑云后面向她招手了！

诗人含着悲泪道："吾爱！你想安息吧！"

"是的！吾爱！我要安息了，永久的安息了！我已享受到生之美丽！我的安息也是非常美丽的！"

一阵悲惨的秋风吹开了乐园的门，死神严肃的走了进来，把杜鹃姑娘从他爱人的怀里带走了。

同时乐园里的花草都低了头，显出因悲伤而憔悴的黄色面靥。它们脱下身上的鲜装，从此乐园中失掉了娇羞与温馨，依然变成一片荒凉的秋原。

诗人孤独的坐在清溪旁，手里捧着杜鹃姑娘所留给他的玫瑰花冠。正在这时，那个赤足美丽的幸福小神仙，驾着一朵洁白的云来了。他低声说道："哦！伟大的诗人！什么事情使你这样悲愁？你为什么舍弃了地上的乐园，而来到这惨怆的秋原上叹息呢？"

"唉！幸福之神！地上的乐园是建设在两个绝对相同的灵魂上。但是，你看现在我是多么寒怆，我已经捣碎了双音的心弦，怎能再弹出欢欣的曲调！"

"诗人！你的灵魂将要在星群中飞翔，你看见世上的人们向你膜拜。你虽然是不曾弥补那最后的缺陷——从死神的翼下逃亡，但你的生命是灿烂的，曾经闪出过奇异的光亮呵！……请你将这花冠永远留在世上吧！……"

幸福之神在一片白光中，渐渐的隐没了。这时人间正展布着冷寂的幽暗，诗人将这花冠挂在那条人生的路旁，他沉默的睡在清溪的碧波里，在那神秘夜幕下向人间告别了。

11. 儿女

◉ 朱自清

　　我现在已是五个儿女的父亲了。想起圣陶喜欢用的"蜗牛背了壳"的比喻，便觉得不自在。新近一位亲戚嘲笑我说，"要剥层皮呢！"更有些悚然了。十年前刚结婚的时候，在胡适之先生的《藏晖室札记》里，见过一条，说世界上有许多伟大的人物是不结婚的，文中并引培根的话，"有妻子者，其命定矣。"当时确吃了一惊，仿佛梦醒一般，但是家里已是不由分说给娶了媳妇，又有什么可说？现在是一个媳妇，跟着来了五个孩子，两个肩头上，加上这么重一副担子，真不知怎样走才好。"命定"是不用说了，从孩子们那一面说，他们该怎样长大，也正是可以忧虑的事。我是个彻头彻尾自私的人，做丈夫已是勉强，做父亲更是不成。自然，"子孙崇拜"，"儿童本位"的哲理或伦理，我也有些知道。既做着父亲，闭了眼抹杀孩子们的权利，知道是不行的。可惜这只是理论，实际上我是仍旧按照古老的传统，在野蛮地对付着，和普通的父亲一样。近来差不多是中年的人了，才渐渐觉得自己的残酷，想着孩子们受过的体罚和叱责，始终不能辩解——像抚摸着旧创痕那样，我的心酸溜溜的。有一回，读了有岛武郎《与幼小者》的译文，对那种伟大的，沉挚的态度，我竟流下泪来了。去年父亲来信，问起阿九，那时阿九还在白马湖呢，信上说，"我没有耽误你，你也不要耽误他才好。"我为这句话哭了一场，我为什么不像父亲的仁慈？我不该忘记，父亲怎样待我们来着！人兴许真是二元的，我是这样地矛盾，我的心像钟摆似的来去。

你读过鲁迅先生的《幸福的家庭》么？我的便是那一类的"幸福的家庭"！每天午饭和晚饭，就如两次潮水一般。先是孩子们你来他去地在厨房与饭间里查看，一面催我或妻子发"开饭"的命令。急促繁碎的脚步，夹着笑和嚷，一阵阵袭来，直到命令发出为止。他们一个一个地跑着喊着，将命令传给厨房里佣人；便立刻抢着回来搬凳子。于是这个说："我坐这儿！"那个说："大哥不让我！"大哥却说："小妹打我！"我给他们调解，说好话。但是他们有时候很固执，我有时候也不耐烦，这便用着叱责了；叱责还不行，不由自主地，我的沉重的手掌便到他们身上了。于是哭的哭，坐的坐，局面才算定了。接着可又你要大碗，他要小碗，你说红筷子好，他说黑筷子好；这个要干饭，那个要稀饭，要茶要汤，要鱼要肉，要豆腐，要萝卜；你说他菜多，他说你菜好。妻是照例安慰着他们，但这显然是太迂缓了。我是个暴躁的人，怎么等得及？不用说，用老法子将他们立刻征服了；虽然有哭的，不久也就抹着泪捧起碗了。吃完了，纷纷爬下凳子，桌上是饭粒呀，汤汁呀，骨头呀，渣滓呀，加上纵横的筷子，敧斜的匙子，就如一块花花绿绿的地图模型。吃饭而外，他们的大事便是游戏。游戏时，大的有大主意，小的有小主意，各自坚持不下，于是争执起来；或者大的欺负了小的，或者小的竟欺负了大的，被欺负的哭着嚷着，到我或妻的面前诉苦；我大抵仍旧要用老法子来判断，但不理的时候也有。最为难的，是争夺玩具的时候：这一个的与那一个的是同样的东西，却偏要那一个的；而那一个便偏不答应。在这种情形之下，不论如何，终于是非哭了不可的。这些事件自然不至于天天全有，但大致总有好些起。我若坐在家里看书或写什么东西，管保一点钟里要分几回心，或站起来一两次的。若是雨天或礼拜日，孩子们在家的多，那么，摊开书竟看不下一行，提起笔也写不出一个字的事，也有过的。我常和妻说，"我们家真是成日的千军万马呀！"有时是不但"成日"，

连夜里也有兵马在进行着，在有吃乳或生病的孩子的时候！

　　我结婚那一年，才十九岁。二十一岁，有了阿九；二十三岁，又有了阿菜。那时我正像一匹野马，哪能容忍这些累赘的鞍鞯，辔头，和缰绳？摆脱也知是不行的，但不自觉地时时在摆脱着。现在回想起来，那些日子，真苦了这两个孩子；真是难以宽有的种种暴行呢！阿九才两岁半的样子，我们住在杭州的学校里。不知怎地，这孩子特别爱哭，又特别怕生人。一不见了母亲，或来了客，就哇哇地哭起来了。学校里住着许多人，我不能让他扰着他们，而客人也总是常有的；我懊恼极了，有一回，特地骗出了妻，关了门，将他按在地下打了一顿。这件事，妻到现在说起来，还觉得有些不忍；她说我的手太辣了，到底还是两岁半的孩子！我近年常想着那时的光景，也觉黯然。阿菜在台州，那是更小了；才过了周岁，还不大会走路。也是为了缠着母亲的缘故吧，我将她紧紧地按在墙角里，直哭喊了三四分钟；因此生了好几天病。妻说，那时真寒心呢！但我的苦痛也是真的。我曾给圣陶写信，说孩子们的磨折，实在无可奈何；有时竟觉着还是自杀的好。这虽是气愤的话，但这样的心情，确也有过的。后来孩子是多起来了，磨折也磨折得久了，少年的锋棱渐渐地钝起来了；加以增长的年岁增长了理性的裁制力，我能够忍耐了——觉得从前真是一个"不成材的父亲"，如我给另一个朋友信里所说。但我的孩子们在幼小时，确比别人的特别不安静，我至今还觉如此。我想这大约还是由于我们抚育不得法；从前只一味地责备孩子，让他们代我们负起责任，却未免是可耻的残酷了！

　　正面意义的"幸福"，其实也未尝没有。正如谁所说，小的总是可爱，孩子们的小模样，小心眼儿，确有些叫人舍不得的。阿毛现在五个月了，你用手指去拨弄她的下巴，或向她做趣脸，她便会张开没牙的嘴咯咯地笑，笑得像一朵正开的花。她不愿在屋里待着；待久了，

71

便大声儿嚷。妻常说："姑娘又要出去溜达了。"她说她像鸟儿般，每天总得到外面溜一些时候。闰儿上个月刚过了三岁，笨得很，话还没有学好呢。他只能说三四个字的短语或句子，文法错误，发音模糊，又得费气力说出；我们老是要笑他的。他说"好"字，总变成"小"字；问他"好不好？"他便说"小"，或"不小"。我们常常逗着他，说这个字玩儿；他似乎有些觉得，近来偶然也能说出正确的"好"字了——特别在我们故意说成"小"字的时候。他有一只陶瓷碗，是一毛来钱买的；买来时，老妈子教给他，"这是一毛钱。"他便记住"一毛"两个字，管那只碗叫"一毛"，有时竟省称为"毛"。这在新来的老妈子，是必需翻译了才懂的。他不好意思，或见着生客时，便咧着

嘴痴笑；我们常用了土话，叫他做"呆瓜"。他是个小胖子，短短的腿，走起路来，蹒跚可笑；若快走或跑，便更"好看"了。他有时学我，将两手叠在背后，一摇一摆的；那是他自己和我们都要乐的。他的大姊便是阿菜，已是七岁多了，在小学校里念着书。在饭桌上，一定得啰啰嗦嗦地报告些同学或他们父母的事情；气喘喘地说着，不管你爱听不爱听。说完了总问我："爸爸认识么？""爸爸知道么？"妻常禁止她吃饭时说话，所以她总是问我。她的问题真多：看电影便问电影里的是不是人？是不是真人？怎么不说话？看照相也是一样。不知谁告诉她，兵是要打人的。她回来便问，兵是人么？为什么打人？近来大约听了先生的话，回来又问张作霖的兵是帮谁的？蒋介石的兵是不是帮我们的？诸如此类的问题，每天短不了，常常闹得我不知怎样答才行。她和闰儿在一处玩儿，一大一小，不很合式，老是吵着哭着。但合式的时候也有：譬如这个往床底下躲，那个便钻进去追着；这个钻出来，那个也跟着——从这个床到那个床，只听见笑着，嚷着，喘着，真如妻所说，像小狗似的。现在在京的，便只有这三个孩子；阿九和转儿是去年北来时，让母亲暂时带回扬州去了。

阿九是欢喜书的孩子。他爱看《水浒》，《西游记》，《三侠五义》，《小朋友》等；没有事便捧着书坐着或躺着看。只不欢喜《红楼梦》，说是没有味儿。是的，《红楼梦》的味儿，一个十岁的孩子，哪里能领略呢？去年我们事实上只能带两个孩子来；因为他大些，而转儿是一直跟着祖母的，便在上海将他俩丢下。我清清楚楚记得那分别的一个早上，我领着阿九从二洋泾桥的旅馆出来，送他到母亲和转儿住着的亲戚家去。妻嘱咐说："买点吃的给他们吧。"我们走过四马路，到一家茶食铺里。阿九说要熏鱼，我给买了；又买了饼干，是给转儿的。便乘电车到海宁路。下车时，看着他的害怕与累赘，很觉侧然。到亲戚家，因为就要回旅馆收拾上船，只说了一两句话便出来；转儿望望我，没说什么，阿九是和祖母说什么去了。我回头看了他们一眼，硬着头皮走了。后来妻告诉我，阿九背地里向她说："我知道爸爸欢喜小妹，不带我上北京去。"其实这是冤枉的。他又曾和我们说："暑假时一定来接我啊！"我们当时答应着；但现在已是第二个暑假了，他们还在迢迢的扬州待着。他们是恨着我们呢？还是惦着我们呢？妻是一年来老放不下这两个，常常独自暗中流泪；但我有什么法子呢！想到"只为家贫成聚散"一句无名的诗，不禁有些凄然。转儿与我较生疏些。但去年离开白马湖时，她也曾用了生硬的扬州话（那时她还没有到过扬州呢），和那特别尖的小嗓子向着我："我要到北京去。"她不晓得什么北京，只跟着大孩子们说罢了；但当时听着，现在想着的我，却真是抱歉呢。这兄妹俩离开我，原是常事，离开母亲，虽也有过一回，这回可是太长了；小小的心儿，知道是怎样忍耐那寂寞来着！

我的朋友大概都是爱孩子的。少谷有一回写信责备我，说儿女的吵闹，也是很有趣的，何至可厌到如我所说；他说他真不解。子恺为他家华瞻写的文章，真是"蔼然仁者之言"。圣陶也常常为孩子操心：

小学毕业了，到什么中学好呢？——这样的话，他和我说过两三回了。我对他们只有惭愧！可是近来我也渐渐觉着自己的责任。我想，第一该将孩子们团聚起来，其次便该给他们些力量。我亲眼见过一个爱儿女的人，因为不曾好好地教育他们，便将他们荒废了。他并不是溺爱，只是没有耐心去料理他们，他们便不能成才了。我想我若照现在这样下去，孩子们也便危险了。我得计划着，让他们渐渐知道怎样去做人才行。但是要不要他们像我自己呢？这一层，我在白马湖教初中学生时，也曾从师生的立场上问过丏尊，他毫不踌躇地说，"自然啰。"近来与平伯谈起教子，他却答得妙，"总不希望比自己坏啰。"是的，只要不"比自己坏"就行，"像"不"像"倒是不在乎的。职业，人生观等，还是由他们自己去定的好；自己顶可贵，只要指导，帮助他们去发展自己，便是极贤明的办法。

予同说："我们得让子女在大学毕了业，才算尽了责任。"SK 说："不然，要看我们的经济，他们的材质与志愿；若是中学毕了业，不能或不愿升学，便去做别的事，譬如做工人吧，那也并非不行的。"自然，人的好坏与成败，也不尽靠学校教育；说是非大学毕业不可，也许只是我们的偏见。在这件事上，我现在毫不能有一定的主意；特别是这个变动不居的时代，知道将来怎样？好在孩子们还小，将来的事且等将来吧。目前所能做的，只是培养他们基本的力量——胸襟与眼光；孩子们还是孩子们，自然说不上高的远的，慢慢从近处小处下手便了。这自然也只能先按照我自己的样子："神而明之，存乎其人，"光辉也罢，倒楣也罢，平凡也罢，让他们各尽各的力去。我只希望如我所想的，从此好好地做一回父亲，便自称心满意。——想到那"狂人""救救孩子"的呼声，我怎敢不悚然自勉呢？

1928 年 6 月 24 日晚写毕，北京清华园

12. 给亡妇

● 朱自清

　　谦，日子真快，一眨眼你已经死了三个年头了。这三年里世事不知变化了多少回，但你未必注意这些个，我知道。你第一惦记的是你几个孩子，第二便轮着我。孩子和我平分你的世界，你在日如此；你死后若还有知，想来还如此的。告诉你，我夏天回家来着：迈儿长得结实极了，比我高一个头。闰儿，父亲说是最乖，可是没有先前胖了。采芷和转子都好。五儿全家夸她长得好看；却在腿上生了湿疮，整天坐在竹床上不能下来，看了怪可怜的。六儿，我怎么说好，你明白，你临终时也和母亲谈过，这孩子是只可以养着玩儿的，他左挨右挨，去年春天到底没有挨过去。这孩子生了几个月，你的肺病就重起来了。我劝你少亲近他，只监督着老妈子照管就行。你总是忍不住，一会儿提，一会儿抱的。可是你病中为他操的那一份儿心也够瞧的。那一个夏天他病的时候多，你成天儿忙着，汤呀，药呀，冷呀，暖呀，连觉也没有好好儿睡过。哪里有一分一毫想着你自己。瞧着他硬朗点儿你就乐，干枯的笑容在黄蜡般的脸上，我只有暗中叹气而已。

　　从来想不到做母亲的要像你这样。从迈儿起，你总是自己喂乳，一连四个都这样。你起初不知道按钟点儿喂，后来知道了，却又弄不惯；孩子们每夜里几次将你哭醒了，特别是闷热的夏季。我瞧你的觉老没睡足。白天里还得做菜，照料孩子，很少得空儿。你的身子本来坏，四个孩子就累你七八年。到了第五个，你自己实在不成了，又没乳，只好自己喂奶粉，另雇老妈子专管她。但孩子跟老妈子睡，你就没有放过心；夜里一听见哭，就竖起耳朵听，工夫一大就得过去看。十六年初，和你到北京来，将迈儿，转子留在家里；三年多还不能去接他们，可真把你惦记苦了。你并不常提，我却明白。你后来说你的病就是惦记出来的；那个自然也有份儿，不过大半还是养育孩子累的。你的短短的十二年结婚生活，有十一年耗费在孩子们身上；而你一点不厌倦，有多少力量用多少，一直到自己毁灭为止。你对孩子一般儿爱，不问男的女的，大的小的。也不想到什么"养儿防老，积谷防饥"，只拼命地爱去。老实说你对于教育有些外行，孩子们只要吃得好玩得好就成了。这也难怪你，你自己便是这样长大的。况且孩子们原都还小，吃和玩本来也要紧的。你病重的时候最放不下的还是孩子。病的只剩皮包着骨头了，总不信自己不会好；老说："我死了，这一大群孩子可苦了。"后来说送你回家，你想着可以看见迈儿和转子，也愿意；你万想不到会一走不返的。我送车的时候，你忍不住哭了，说："还不知能不能再见？"可怜，你的心我知道，你满想着好好儿带着六个孩子回来见我的。谦，你那时一定这样想，一定的。

除了孩子，你心里只有我。不错，那时你父亲还在，可是你母亲死了，他另有个女人，你老早就觉得隔了一层似的。出嫁后第一年你虽还一心一意依恋着他老人家，到第二年上我和孩子可就将你的心占住，你再没有多少工夫惦记他了。你还记得第一年我在北京，你在家里。家里来信说你待不住，常回娘家去。我动气了，马上写信责备你。你教人写了一封复信，说家里有事，不能不回去。这是你第一次也可以说第末次的抗议，我从此就没给你写信。暑假时带了一肚子主意回去，但见了面，看你一脸笑，也就拉倒了。打这时候起，你渐渐从你父亲的怀里跑到我这儿。你换了金镯子帮助我的学费，叫我以后还你；但直到你死，我没有还你。你在我家受了许多气，又因为我家的缘故受你家里的气，你都忍着。这全为的是我，我知道。那回我从家乡一个中学半途辞职出走。家里人讽你也走。那里走！只得硬着头皮往你家去。那时你家像个冰窖子，你们在窖里足足住了三个月。好不容易我才将你们领出来了，一同上外省去。小家庭这样组织起来了。你虽不是什么阔小姐，可也是自小娇生惯养的，做起主妇来，什么都得干一两手；你居然做下去了，而且高高兴兴地做下去了。菜照例满是你做，可是吃的都是我们；你至多夹上两三筷子就算了。你的菜做得不坏，有一位老在行大大地夸奖过你。你洗衣服也不错，夏天我的绸大褂大概总是你亲自动手。你在家老不乐意闲着，坐前几个"月子"，老是四五天就起床，说是躺着家里事没条没理的。其实你起来也还不是没条理；咱们家那么多孩子，那儿来条理？在浙江住的时候，逃过两回兵难，我都在北平。多亏你领着母亲和一群孩子东藏西躲的；每一回还要走多少里路，翻一道大岭。这两回差不多只靠你一个人，你不但带了母亲和孩子们，还带了我一箱箱的书，你知道我是最爱书的。在短短的十二年里，你操的心比人家一辈子还多；谦，你那样身子怎么经得住！你将我的责任一股脑儿担负了去，压死了你，我如何对得起你！

你为我的捞什子书也费了不少神；第一回让你父亲的男佣人从家乡捎到上海去，他说了几句闲话，你气得在你父亲面前哭了。第二回是带着逃难，别人都说你傻子。你有你的想头："没有书怎么教书？况且他又爱这个玩意儿。"其实你没有晓得，那些书丢了也并不可惜，不过教你怎么晓得，我平常从来没和你谈过这些个！总而言之，你的心是可感谢的。这十二年里你为我吃的苦真不少，可是没有过几天好日子。我们在一起住，算来也还不到五个年头，无论日子怎么坏，无论是离是合，你从来没对我发过脾气，连一句怨言也没有。——别说怨我，就是怨命也没有过。老实说，我的脾气可不大好，迁怒的事儿有的是。那些时候你往往抽噎着流眼泪，从不回嘴，也不号啕。不过我也只信得过你一个人，有些话我只和你一个人说，因为世界上只你一个人真关心我，真同情我。你不但为我吃苦，更为我分苦；我之有我现在的精神，大半是你给我培养来的，这些年来我很少生病。但我最不耐烦生病，生了病就呻吟不绝，闹那伺候病的人。你是领教过一回的，那回只一两点钟，可是也够麻烦了。你常生病，却总不开口，挣扎着起来；一来怕搅我，二来怕没人做你那份儿事。我有一个坏脾气，怕听人生病，也是真的。后来你天天发烧，自己还以为南方带来的疟疾，一直瞒着我。明明躺着，听见我的脚步，一骨碌就坐起来，我渐渐有些奇怪，让大夫一瞧，这可糟了，你的一个肺已烂了一个大窟窿了！大夫劝你到西山去静养，你丢不下孩子，又舍不得钱；劝你在家里躺着，你也丢不下那份儿家务；越看越不行了，这才送你回去。明知凶多吉少，想不到只一个月工夫你就完了！本来盼望还见得着你，这一来可拉倒了。你也何尝想到这个？父亲告诉我，你回家独住着一所小住宅，还嫌没有客厅，怕我回去不便哪。

　　前年夏天回家，上你坟上去了，你睡在祖父母的下首，想来还不孤单的。只是当年祖父母的坟太小了，你正睡在圹底下。这叫做"抗圹"，在生人看来是不安心的；等着想办法吧。那时圹上圹下密密地长着青草，朝露浸湿了我的布鞋。你刚埋了半年多，只有圹下多出一块土，别的全然看不出新坟的样子。我和隐今夏回去，本想到你的坟上来，因为她病了，没来成。我们想告诉你，五个孩子都好，我们一定尽心教养他们，让他们对得起死了的母亲——你！谦，好好儿放心安睡吧，你。

1932 年 10 月。

13. 父母的责任

● 朱自清

在很古的时候，做父母的对于子女，是不知道有什么责任的。那时的父母以为生育这件事是一种魔术，以为精灵的作用；而不知却是他们自己的力量。所以那时实是连"父母"的观念也很模糊的；更不用说什么责任了！（哈蒲浩司曾说过这样的话）他们待遇子女的态度和方法，推想起来，不外根据于天然的爱和传统的迷信这两种基础；没有自觉的标准，是可以断言的。后来人知进步，精灵崇拜的思想，慢慢的消除了；一班做父母的便明白子女只是性交的结果，并无神怪可言。但子女对父母的关系如何呢？父母对子女的责任如何呢？那些当仁不让的父母便渐渐的有了种种主张了。且只就中国论，从孟子时候直到现在，所谓正统的思想，大概是这样说的："儿子是延续宗祀的，便是儿子为父母，父母的父母，……而生存。父母要教养儿子成人，成为肖子——小之要能挣钱养家，大之要能荣宗耀祖。"但在现在，第二个条件似乎更加重要了。另有给儿子娶妻，也是父母重大的责任——不是对于儿子的责任，是对于他们的先人和他们自己的责任；因为娶媳妇的第一目的，便是延续宗祀！至于女儿，大家都不重视，甚至厌恶的也有。卖她为妓、为妾、为婢，寄养她于别人家，作为别人家的女儿；送她到育婴堂里，都是寻常而不要紧的事；至于看她作"赔钱货"，那是更普通了！在这样情势之下，父母对于女儿，几无责任可言！普通只是生了便养着，大了跟着母亲学些针黹，家事，等着嫁人。这些都没有一定的责任，都只由父母"随意为之"。只有嫁人，父母却要负些责任，但也颇轻微的。在这些时候，父母对儿子总算有了显明的责任，对女儿也算有了些责任。但都是从子女出生后起算的。至于出生前的责任，却是没有，大家似乎也不曾想到——向他们说起，只怕还要吃惊哩！在他们模糊的心里，大约只有"生儿子"、"多生儿子"两件，是在子女出生前希望的——却不是责任。虽然那些已过三十岁而没有生儿子的人，便去纳妾，吃补药，千方百计地想生儿子，但究竟也不能算是责任。所以这些做父母的生育子女，只是糊里糊涂给了他们一条生命！因此，无论何人，都有任意生育子女的权利。

近代生物科学及人生科学的发展，使"人的研究"日益精进。"人的责任"的见解，因而起了多少的变化，对于"父母的责任"的见解，更有重大的改正。从生物科学里，我们知道子女非为父母而生存；反之，父母却大部分是为子女而生存！与其说"延续宗祀"，不如说"延续生命"和"延续生命"的天然的要求相关联的，又有"扩大或发展生命"的要求，这在从前却被习俗或礼教埋没了的，于今又抬起头来了。所以，现在的父母不应再将子女硬安在自己的型里，叫他们做"肖子"，应该让他们有充足的力量，去自由发展，成功超越自己！至于做子与女的应受平等待遇，由性的研究的人生科学所说明，以及现实生活所昭示，其更是显然了。这时的父母负了新科学所指定的责任，便不能像从前的随便。他们得知生育子女一面虽是个人的权利，一面更为重要的，却又是社会的服务，因而对于生育的事，以及相随的教养的事，便当负着社会的责任；不应该将子女只看作自己的后嗣而教养他们，应该将他们看作社会的后一代而教养他们！这样，女儿随意怎样待遇都可，和为家族与自己的利益而教养儿子的事，都该被抗议了。这种见解成为风气以后，将形成一种新道德："做父母是'人的'最高尚、最神圣的义务和权利，又是最重大的服务社会的机会！"因此，做父母便不是一件轻率的、容易的事；人们在做父母以前，便不得不将自己的能力忖量一番了。——那些没有父母的能力而贸然做了父母，以致生出或养成身体上或心思上不健全的子女的，便将受社会与良心的制裁了。在这样社会里，子女们便都有福了。只是，惭愧说的，现在这种新道德还只是理想的境界！

依我们的标准看，在目下的社会里——特别注重中国的社会里，几乎没有负责任的父母！或者说，父母几乎没有责任！花柳病者，酒精中毒者，疯人，白痴都可公然结婚，生育子女！虽然也有人慨叹于他们的子女从他们接受的遗传的缺陷，但却从没有人抗议他们的生育的权利！因之，残疾的、变态的人便无减少的希望了！穷到衣食不能自用的人，却可生出许多子女；宁可让他们忍冻挨饿，甚至将他们送给人，卖给人，却从不怀疑自己的权利！也没有别人怀疑他们的权利！因之，流离失所的，和无教无养的儿童多了！这便决定了我们后一代的悲惨的命运！这正是一般作父母的不曾负着生育之社会的责任的结果。也便是社会对于生育这件事放任的结果。所以我们以为为了社会，生育是不应该自由的；至少这种自由是应该加以限制的！不独精神，身体上有缺陷的，和无养育子女的经济能力的应该受限制；便是那些不能教育子女，乃至不能按着子女自己所需要和后一代社会所需要而教育他们的，也当受一种道德的制裁。——教他们自己制裁，自觉的不生育，或节制生育。现在有许多富家和小资产阶级的孩子，或因父母溺爱，或因父母事务忙碌，不能有充分的受良好教育的机会，致不能养成适应将来的健全的人格；有些还要受些祖传老店"子曰铺"里的印板教育，那就格外不会有新鲜活泼的进取精神了！在子女多的家庭里，父母照料更不能周全，便更易有这些倾向！这种生育的流弊，虽没有前面两种的厉害，但足以为"进步"的重大的阻力，则是同的！并且这种流弊很通行，——试看你的朋友，你的亲戚，你的家族里的孩子，乃至你自己的孩子之中，有那个真能"自遂其生"的！你将也为他们的——也可说我们的——运命担忧着吧。——所以更值得注意。

现在生活程度渐渐高了，在小资产阶级里，教养一个子女的费用，足以使家庭的安乐缩小，子女的数和安乐的量恰成反比例这件事，是很显然了。那些贫穷的人也觉得子女是一种重大的压迫了。其实这些情形从前也都存在，只没有现在这样叫人感着吧了。在小资产阶级里，新兴的知识阶级最能敏锐的感到这种痛苦。可是大家虽然感着，却又觉得生育的事是"自然"所支配，非人力所能及，便只有让命运去决定了。直到近两年，生物学的知识，尤其是优生学的知识，渐渐普及于一般知识阶级，于是他们知道不健全的生育是人力可以限制的了。去年山顺夫人来华，传播节育的理论与方法，影响特别的大；从此便知道不独不健全的生育可以限制，便是健全的生育，只要当事人不愿意，也可自由限制的了。于是对于子女的事，比较出生后，更其注重出生前了；于是父母在子女的出生前，也有显明的责任了。父母对于生育的事，既有自由权力，则生出不健全的子女，或生出子女而不能教养，便都是他们的过失。他们应该受良心的责备，受社会的谴责！而且看"做父母"为重大的社会服务，从社会的立场估计时，父母在子女出生前的责任，似乎比子女出生后的责任反要大哩！以上这些见解，目下虽还不能成为风气，但确已有了肥嫩的萌芽至少在知识阶级里。我希望知识阶级的努力，一面实行示范，一面尽量将这些理论和方法宣传，到最僻远的地方里，到最下层的社会里；等到父母们不但"知道"自己背上"有"这些责任，并且"愿意"自己背上"负"这些责任，那时基于优生学和节育论的新道德便成立了。这是我们子孙的福音！

在将来里，我希望社会对于生育的事有两种自觉的制裁：一，道德的制裁；二，法律的制裁。身心有缺陷者，如前举花柳病者等，该用法律去禁止他们生育的权利，便是法律的制裁。这在美国已有八州实行了，但施行这种制裁，必须具备几个条件，才能有效。一要医术发达，并且能得社会的信赖；二要户籍登记的详确（如遗传性等，都该载入）；三要举行公众卫生的检查；四要有公正有力的政府；五要社会的宽容。这五种在现在的中国，一时都还不能做到，所以法律的制裁便暂难实现；我们只好从各方面努力罢了。但禁止"做父母"的事，虽然还不可能，劝止"做父母"的事，却是随时，随地可以作的。教人知道父母的责任，教人知道现在的做父母应该是自由选择的结果，——就是人们于生育的事，可以自由去取——叫人知道不负责及不能负责的父母是怎样不合理，怎样损害社会，怎样可耻！这都是爱作就可以作的。这样给人一种新道德的标准去自己制裁，便是社会的道德的制裁的出发点了。

所以道德的制裁，在现在便可直接去着手建设的。并且在这方面努力的效果，也容易见些。况不适当的生育当中，除那不健全的生育一项，将来可以用法律制裁外，其余几种似也非法律之力所能及，便非全靠道德去制裁不可。因为，道德的制裁的事，不但容易着手，见效，而且是更为重要；我们的努力自然便该特别注重这一方向了！

不健全的生育，在将来虽可用法律制裁，但法律之力，有时而穷，仍靠道德辅助不可；况法律的施行，有赖于社会的宽容，而社会宽容的基础，仍必筑于道德之上，所以不健全的生育，也需要道德的制裁；在现在法律的制裁未实现的时候，尤其是这样！花柳病者，酒精中毒者，……我们希望他们自己觉得身体的缺陷，自己忏悔自己的罪孽；便借着忏悔的力量，决定不将罪孽传及子孙，以加重自己的罪恶！这便自己剥夺或停止了自己做父母的权利。但这种自觉是很难的。所以我们更希望他们的家族，亲友，时时提醒他们，监视他们，使他们警觉！关于疯人、白痴，则简直全无自觉可言；那是只有靠着他们的保护人，家族，亲友的处置了。在这种情形里，我们希望这些保护人等能明白生育之社会的责任及他们对于后一代应有的责任，而知所戒惧，断然剥夺或停止那有缺陷的被保护者的做父母的权利！这几类人最好是不结婚或和异性隔离；至少也当用节育的方法使他们不育！至于说到那些穷到连"养育"子女也不能的，我们教他们不滥育，是很容易得他们的同情的。只需教给他们最简便省钱的节育的方法，并常常向他们恳切的说明和劝导，他们便会渐渐的相信、奉行的。但在这种情形里，教他们相信我们的方法这过程要比较难些；因为这与他们信自然与命运的思想冲突，又与传统的多子孙的思想冲突——他们将觉得这是一种罪恶，如旧日的打胎一样；并将疑惑这或者是洋人的诡计，要从他们的身体里取出什么的！但是传统的思想，在他们究竟还不是固执的，魔术的怀疑因了宣传方法的巧妙和时日的长久，也可望减缩的；而经济的压迫究竟是眼前不可避免的实际的压迫，他们难以抵抗的！所以只要宣传的得法，他们是容易渐渐的相信、奉行的。只有那些富家——官僚或商人——和有些小资产阶级，这道德的制裁的思想是极难侵入的！他们有相当的经济的能力，有固执的传统的思想，他们是不会也不愿知道生育是该受限制的；他们不知道什么是不适当的生育！他们只在自然的生育子女，以传统的态度与方法待遇他们，结果是将他们装在自己的型里，作自己的牺牲！这样尽量摧残了儿童的个性与精神生命的发展，却反以为尽了父母的责任！这种误解责任较不明责任实在还要坏；因为不明的还容易纳入忠告，而误解的则往往自以为是，固执不肯更变。这种人实在也不配做父母！因为他们并不能负真正的责任。我们对于这些人，虽觉得很不容易使他们相信我们，但总得尽我们的力量使他们能知道些生物进化和社会进化的道理，使他们能以儿童为本位，能"理解他们，指导他们，解放他们"；这样改良从前一切不适当的教养方法，并且要使他们能有这样决心：在他们觉得不能负这种适当的教养的责任，或者不愿负这种责任时，更应该断然采取节育的办法，不再因循，致误人误己。这种宣传的事业，自然当由新兴的知识阶级担负；新兴的知识阶级虽可说也属于小资产阶级里，但关于生育这件事，他们特别的感到重大的压迫，因有了彻底的了解，觉醒的态度，便与同阶级的其余部分不同了。

　　但是还有一个问题留着：现存的由各种不适当的生育而来的子女们，他们的父母将怎样为他们负责呢？我以为花柳病者等一类人的子女，只好任凭自然先生去下辣手，只不许谬种再得流传便了。贫家子女父母无力教养的，由社会设法尽量收容他们，如多设贫儿院等。但社会收容之力究竟是有限的，大部分只怕还是要任凭自然先生去处理的！这是很悲惨的事，但经济组织一时还不能改变，又有什么法儿呢？我们只好"尽其在人"罢了。至于那些以长者为本位而教养儿童的，我们希望他们能够改良，前节已说过了。还有新兴的知识阶级里现在有一种不愿生育子女们的倾向；他们对于从前不留意而生育的子女，常觉得冷淡，甚至厌恶，因而不愿为他们尽力。在这里，我要明确指出，生物进化，生命发展的最重要的原则，是前一代牺牲于后一代，牺牲是进步的一个阶梯！愿他们（其实我也在内）为了后一代的发展，而牺牲相当的精力于子女们的教养；愿他们以极大的忍耐，为子女们将来的生命筑坚实的基础；愿他们牢记自己的幸福，同时也不要忘了子女们的幸福！这是要些涵养工夫的。总之，父母的责任在使子女们得着好的生活，并且比自己的生活好的生活；一面也使社会上得着些健全的、优良的、适于生存的分子，是不能随意的。

　　为使社会上适于生存的日多，不适于生存的日少，我们便重估了父母的责任：

　　　　父母不是无责任的。

　　　　父母的责任不应以长者为本位，以家族为本位；应以幼者为本位，社会为本位。

我们希望社会上的父母都负责任，没有不负责任的父母！

"做父母是人最高尚、最神圣的义务和权利，又是最重大的服务社会的机会"，这是生物学、社会学所指出的新道德。

既然父母的责任由不明了到明了是可能的，则由不正确到正确也未必是不可能的；新道德的成立，在于我们的努力，比父母对子女的责任尤其重大，这是我们对一切幼者的责任！努力！努力！

1923 年 2 月 3 日。

14. 择偶记

◉ 朱自清

自己是长子长孙，所以不到十一岁就说起媳妇来了。那时对于媳妇这件事简直茫然，不知怎么一来，就已经说上了。她是曾祖母娘家人，在江苏北部一个小县份的乡下住着。家里人都在那里住过很久，大概也带着我，只是太笨了，记忆里没有留下一点影子。曾祖母常常躺在烟榻上讲那边的事，提着这个那个乡下人的名字。起初一切都像只在那白腾腾的烟气里。日子久了，不知不觉熟悉起来了，亲昵起来了。除了住的地方，当时觉得那叫做"花园庄"的乡下实在是最有趣的地方了。因此听说媳妇就定在那里，倒也仿佛理所当然，毫无意见。每年那边田上有人来，短蓝布打扮，衔着旱烟管，带好些大麦粉，白

86

薯干儿之类。他们偶然也和家里人提到那位小姐，大概比我大四岁，个儿高，小脚；但是那时我热心的其实还是那些大麦粉和白薯干儿。

记得是十二岁上，那边捎信来，说小姐痨病死了。家里并没有人叹惜；大约他们看见她时她还小，年代一多，也就想不清是怎样一个人了。父亲那时在外省做官，母亲颇为我亲事着急，便托了常来做衣服的裁缝做媒。为的是裁缝走的人家多，而且可以看见太太小姐。主意并没有错，裁缝来说一家人家，有钱，两位小姐，一位是姨太太生的；他给说的是正太太生的大小姐。他说那边要相亲，母亲答应了，定下日子，由裁缝带我上茶馆。记得那是冬天，到日子母亲让我穿上枣红宁绸袍子，黑宁绸马褂，戴上红帽结儿的黑缎瓜皮小帽，又叮嘱自己留心些。茶馆里遇见那位相亲的先生，方面大耳，同我现在年纪差不多，布袍布马褂，像是给谁穿着孝。这个人倒是慈祥的样子，不住地打量我，也问了些念什么书一类的话。回来裁缝说人家看得很细：说我的"人中"长，不是短寿的样子，又看我走路，怕脚上有毛病。总算让人家看中了，该我们看人家了。母亲派亲信的老妈子去。老妈子的报告是：大小姐个儿比我大得多，坐下去满满一圈椅；二小姐倒苗苗条条的，母亲说胖了不能生育，像亲戚里谁谁谁；教裁缝说二小姐。那边似乎生了气，不答应，事情就撂了。

母亲在牌桌上遇见一位太太，她有个女儿，透着聪明伶俐。母亲有了心，回家说那姑娘和我同年，跳来跳去的，还是个孩子。隔了些日子，便托人探探那边口气。那边做的官似乎比父亲的还小，那时正是光复的前年，还讲究这些，所以他们乐意做这门亲。事情已到九成九，忽然出了岔子。本家叔祖母用的一个寡妇老妈子熟悉这家子的事，不知怎么教母亲打听着了。叫她来问，她的话遮遮掩掩的。到底问出来了，原来那小姑娘是抱来的，可是她一家很宠她，和亲生的一样。母亲心冷了。过了两年，听说她已生了痨病，吸上鸦片烟了。母亲说，幸亏当时没有定下来。我已懂得一些事了，也这么想着。

光复那年，父亲生伤寒病，请了许多医生看。最后请着一位武先生，那便是我后来的岳父。有一天，常去请医生的听差回来说，医生家有位小姐。父亲既然病着，母亲自然更该担心我的事。一听这话，便追问下去。听差原只顺口谈天，也说不出个所以然。母亲便在医生来时，教人问他轿夫，那位小姐是不是他家的，轿夫说是的。母亲便和父亲商量，托舅舅问医生的意思。那天我正在父亲病榻旁，听见他们的对话。舅舅问明了小姐还没有人家，便说，像×翁这样人家怎么样？医生说，很好呀。话到此为止，接着便是相亲；还是母亲那个亲信的老妈子去。这回报告不坏，说就是脚大些。事情这样定局，母亲教轿夫回去说，让小姐裹上点儿脚。妻嫁过来后，说相亲的时候早躲开了，看见的是另一个人。至于轿夫捎的信儿，却引起了一段小小风波。岳父对岳母说，早教你给她裹脚，你不信；瞧，人家怎么说来着！岳母说，偏偏不裹，看他家怎么样！可是到底采取了折衷的办法，直到妻嫁过来的时候。

1934 年 3 月作。

（原载 1934 年《女青年》第 13 卷第 3 期）

15. 阿河

◉ 朱自清

我这一回寒假，因为养病，住到一家亲戚的别墅里去。那别墅是在乡下。前面偏左的地方，是一片淡蓝的湖水，对岸环拥着不尽的青山。山的影子倒映在水里，越显得清清朗朗的。水面常如镜子一般。风起时，微有皱痕；像少女们皱她们的眉头，过一会子就好了。湖的余势束成一条小港，缓缓地不声不响地流过别墅的门前。门前有一条小石桥，桥那边尽是田亩。这边沿岸一带，相间地栽着桃树和柳树，春来当有一番热闹的梦。别墅外面缭绕着短短的竹篱，篱外是小小的路。里边一座向南的楼，背后便倚着山。西边是三间平屋，我便住在这里。院子里有两块草地，上面随便放着两三块石头。另外的隙地上，或罗列着盆栽，或种莳着花草。篱边还有几株枝干蟠曲的大树，有一株几乎要伸到水里去了。

我的亲戚韦君只有夫妇二人和一个女儿。她在外边念书，这时也刚回到家里。她邀来三位同学，同她到家过这个寒假；两位是亲戚，一位是朋友。她们住着楼上的两间屋子。韦君夫妇也住在楼上。楼下正中是客厅，常是闲着，西间是吃饭的地方；东间便是韦君的书房，我们谈天，喝茶，看报，都在这里。我吃了饭，便是一个人，也要到这里来闲坐一回。我来的第二天，韦小姐告诉我，她母亲要给她们找一个好好的女佣人；长工阿齐说有一个表妹，母亲叫他明天就带来做做看呢。她似乎很高兴的样子，我只是不经意地答应。

平屋与楼屋之间，是一个小小的厨房。我住的是东面的屋子，从窗子里可以看见厨房里人的来往。这一天午饭前，我偶然向外看看，见一个面生的女佣人，两手提着两把白铁壶，正往厨房里走；韦家的李妈在她前面领着，不知在和她说什么话。她的头发乱蓬蓬的，像冬天的枯草一样。身上穿着镶边的黑布棉袄和夹裤，黑里已泛出黄色；棉袄长与膝齐，夹裤也直拖到脚背上。脚倒是双天足，穿着尖头的黑布鞋，后跟还带着两片铜色的"叶拔儿"。想这就是阿齐带来的女佣人了；想完了就坐下看书。晚饭后，韦小姐告诉我，女佣人来了，她的名字叫"阿河"。我说，"名字很好，只是人土些；还能做什么？"

她说，"别看她土，很聪明呢！"我说，"哦。"便接着看手中的报了。

以后每天早上，中上，晚上，我常常看见阿河擎着水壶来往；她的眼似乎总是往前看的。两个礼拜匆匆地过去了。韦小姐忽然和我说："你别看阿河土，她的志气很好，她是个可怜的人。我和娘说，把我前年在家穿的那身棉袄裤给了她吧。我嫌那两件衣服太花，给了她正好。娘先不肯，说她来了没有几天；后来也肯了。今天拿出来让她穿，正合式呢。我们教给她打绒绳鞋，她真聪明，一学就会了。她说拿到工钱，也要打一双穿呢。我等几天再和娘说去。"

"她这样爱好！怪不得头发光得多了，原来都是你们教她的。好！你们尽教她讲究，她将来怕不愿回家去呢。"大家都笑了。

旧新年是过去了。因为江浙的兵事，我们的学校一时还不能开学。我们大家都乐得在别墅里多住些日子。这时阿河如换了一个人。她穿着宝蓝色挑着小花儿的布棉袄裤；脚下是嫩蓝色毛绳鞋，鞋口还缀着两个半蓝半白的小绒球儿。我想这一定是她的小姐们给帮忙的。古语说得好，"人要衣裳马要鞍"，阿河这一打扮，真有些楚楚可怜了。她的头发早已是刷得光光的，覆额的留海也梳得十分伏贴。一张小小的圆脸，如正开的桃李花；脸上并没有笑，却隐隐地含着春日的光辉，像花房里充了蜜一般。在我这几乎是一个奇迹；我现在是常站在窗前看她了。我觉得在深山里发现了一粒猫儿眼；这样精纯的猫儿眼，是我生平所仅见！我觉得我们相识已太长久，极愿和她说一句话——极平淡的话，一句也好。但我怎好平白地和她攀谈呢？这样郁郁了一礼拜。

这是元宵节的前一晚上。我吃了饭，在屋里坐了一会，觉得有些无聊，便信步走到那书房里。拿起报来，想再细看一回。忽然门钮一响，阿河进来了。她手里拿着三四支颜色铅笔；出乎意料地走近了我。她站在我面前了，静静地微笑着说："白先生，你知道铅笔刨在哪里？"一面将拿着的铅笔给我看。我不自主地立起来，匆忙地应道，

"在这里。"我用手指着南边柱子。但我立刻觉得这是不够的。我领她走近了柱子。这时我像闪电似地踌躇了一下，便说，"我……我……"她一声不响地已将一支铅笔交给我。我放进刨子里刨给她看。刨了两下，便想交给她；但终于刨完了一枝，交还了她。她接了笔略看一看，仍仰着脸向我。我窘极了。刹那间念头转了好几个圈子；到底硬着头皮搭讪着说，"就这样刨好了。"我赶紧向门外一瞥，就走回原处看报去。但我的头刚低下，我的眼已抬起来了。于是远远地从容地问道，"你会么？"她不曾掉过头来，只"嘤"了一声，也不说话。我看了她背影一会、觉得应该低下头了。等我再抬起头来时，她已默默地向外走了。她似乎总是往前看的；我想再问她一句话，但终于不曾出口。我撇下了报，站起来走了一会，便回到自己屋里。我一直想着些什么，但什么也没有想出。

第二天早上看见她往厨房里走时，我发现我的眼睛老跟着她的影子！她的影子真好。她那几步路走得又敏捷，又匀称，又苗条，正如一只可爱的小猫。她两手各提着一只水壶，又令我想到在一条细细的索儿上抖擞精神走着的女子。这全由于她的腰；她的腰真太软了，用白水的话说，真是软到使我如吃苏州的牛皮糖一样。不止她的腰，我的日记里说得好："她有一套和云霞比美，水月争灵的曲线，织成大大的一张迷惑的网！"而那两颊的曲线，尤其甜蜜可人。她两颊是白中透着微红，润泽如玉。她的皮肤，嫩得可以掐出水来；我的日记里说，"我很想去掐她一下呀！"她的眼像一双小燕子，老是在滟滟的春水上打着圈儿。她的笑最使我记住，像一朵花漂浮在我的脑海里。我不是说过，她的小圆脸像正开的桃花么？那么，她微笑的时候，便是盛开的时候了：花房里充满了蜜，如真要流出来的样子。她的发不甚厚，但黑而有光，柔软而滑，如纯丝一般。只可惜我不曾闻着一些儿香。唉！从前我在窗前看她好多次，所得的真太少了；若不是昨晚一见，——虽只几分钟——我真太对不起这样一个人儿了。

午饭后，韦君照例地睡午觉去了，只有我，韦小姐和其他三位小姐在书房里。我有意无意地谈起阿河的事。我说，

"你们怎知道她的志气好呢？"

"那天我们教给她打绒绳鞋，"一位蔡小姐便答道，"看她很聪明，就问她为什么不念书？她被我们一问，就伤心起来了。……"

"是的，"韦小姐笑着抢了说，"后来还哭了呢；还有一位傻子陪她淌眼泪呢。"

那边黄小姐可急了，走过来推了她一下。蔡小姐忙拦住道，"人家说正经话，你尽闹着玩儿！让我说完了呀——"

"我代你说啵，"韦小姐仍抢着说，"——她说她只有一个爹，没有娘。嫁了一个男人，倒有三十多岁，土头土脑的，脸上满是疱！他是李妈的邻舍，我还看见过呢。……"

"好了，底下我说吧。"蔡小姐接着道，"她男人又不要好，尽爱赌钱；她一气，就住到娘家来，有一年多不回去了。"

"她今年几岁？"我问。

"十七不知十八？前年出嫁的，几个月就回家了，"蔡小姐说。

"不，十八，我知道，"韦小姐改正道。

"哦。你们可曾劝她离婚？"

"怎么不劝；"韦小姐应道，"她说十八回去吃她表哥的喜酒，要和她的爹去说呢。"

"你们教她的好事，该当何罪！"我笑了。

她们也都笑了。

十九的早上，我正在屋里看书，听见外面有嚷嚷的声音；这是从来没有的。我立刻走出来看；只见门外有两个乡下人要走进来，却给阿齐拦住。他们只是央告，阿齐只是不肯。这时韦君已走出院中，向他们道，

"你们回去吧。人在我这里，不要紧的。快回去，不要瞎吵！"

两个人面面相觑，说不出一句话；俄延了一会，只好走了。我问韦君什么事？他说，

"阿河罗！还不是瞎吵一回子。"

我想他于男女的事向来是懒得说的，还是回头问他小姐的好；我们便谈到别的事情上去。

吃了饭，我赶紧问韦小姐，她说，

"她是告诉娘的，你问娘去。"

我想这件事有些尴尬，便到西间里问韦太太；她正看着李妈收拾碗碟呢。她见我问，便笑着说，

"你要问这些事做什么？她昨天回去，原是借了阿桂的衣裳穿了去的，打扮得娇滴滴的，也难怪，被她男人看见了，便约了些不相干的人，将她抢回去过了一夜。今天早上，她骗她男人，说要到此地来拿行李。她男人就会信她，派了两个人跟着。哪知她到了这里，便叫阿齐拦着那跟来的人；她自己便跪在我面前哭诉，说死也不愿回她男人家去。你说我有什么法子，只好让那跟来的人先回去再说。好在没有几天，她们要上学了，我将来交给她的爹吧。唉，现在的人，心眼儿真是越过越大了；一个乡下女人，也会闹出这样惊天动地的事了！"

"可不是，"李妈在旁插嘴道，"太太你不知道；我家三叔前儿来，我还听他说呢。我本不该说的，阿弥陀佛！太太，你想她不愿意回婆家，老愿意住在娘家，是什么道理？家里只有一个单身的老子；你想那该死的老畜生！他舍不得放她回去呀！"

"低些，真的么？"韦太太惊诧地问。

"他们说得千真万确的。我早就想告诉太太了，总有些疑心；今天看她的样子，真有几分对呢。太太，你想现在还成什么世界！"

"这该不至于吧。"我淡淡地插了一句。

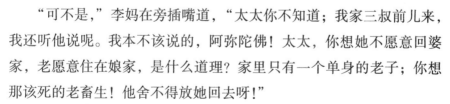

"少爷，你哪里知道！"韦太太叹了一口气，"——好在没有几天了，让她快些走吧；别将我们的运气带坏了。她的事，我们以后也别谈了。"

开学的通告来了，我定在二十八走。二十六的晚上，阿河忽然不到厨房里擎水了。韦小姐跑来低低地告诉我，"娘叫阿齐将阿河送回去了；我在楼上，都不知道呢。"我应了一声，一句话也没有说。正如每日有三顿饱饭吃的人，忽然绝了粮；却又不能告诉一个人！而且我觉得她的前面是黑洞洞的，此去不定有什么好歹！那一夜我是没有好好的睡，只翻来覆去地做梦，醒来却又一例茫然。这样昏昏沉沉地到了二十八早上，懒懒地向韦君夫妇和韦小姐告别而行，韦君夫妇坚持约春假再来住，我只得含糊答应着。出门时，我很想回望厨房几眼；但许多人都站在门口送我，我怎好回头呢？

到校一打听，老友陆已来了。我不及料理行李，便找着他，将阿河的事一五一十告诉他。他本是个好事的人；听我说时，时而皱眉，时而叹气，时而擦掌。听到她只十八岁时，他突然将舌头一伸，跳起来道。

"可惜我早有了我那太太！要不然，我准得想法子娶她！"

"你娶她就好了；现在不知鹿死谁手呢？"

我俩默默相对了一会，陆忽然拍着桌子道，

"有了，老汪不是去年失了恋么？他现在还没有主儿，何不给他俩撮合一下。"

我正要答说，他已出去了。过了一会子，他和汪来了；进门就嚷着说，"我和他说，他不信；要问你呢！"

"事是有的，人呢，也真不错。只是人家的事，我们凭什么去管！"我说。

"想法子呀！"陆嚷着。

"什么法子？你说！"

"好，你们尽和我开玩笑，我才不理会你们呢！"汪笑了。

我们几乎每天都要谈到阿河，但谁也不曾认真去"想法子"。

一转眼已到了春假。我再到韦君别墅的时候，水是绿绿的，桃腮柳眼，着意引人。我却只惦着阿河，不知她怎么样了。那时韦小姐已回来两天。我背地里问她，她说，

"奇得很！阿齐告诉我，说她二月间来求娘来了。她说她男人已死了心，不想她回去；只不肯白白地放掉她。他教她的爹拿出八十块钱来，人就是她爹的了；他自己也好另娶一房人。可是阿河说她的爹哪有这些钱？她求娘可怜可怜她！娘的脾气你知道。她是个古板的人；她数说了阿河一顿，一个钱也不给！我现在和阿齐说，让他上镇去时，带个信儿给她，我可以给她五块钱。我想你也可以帮她些，我教阿齐一块儿告诉她吧。只可惜她未必肯再上我们这儿来罗！"

"我拿十块钱吧，你告诉阿齐就是。"

我看阿齐空闲了，便又去问阿河的事。他说，

"她的爹正给她东找西找地找主儿呢。只怕难吧，八十块大洋呢！"

我忽然觉得不自在起来，不愿再问下去。

过了两天，阿齐从镇上回来，说，

"今天见着阿河了。娘的，齐整起来了。穿起了裙子，做老板娘娘了！据说是自己拣中的；这种年头！"

我立刻觉得，这一来全完了！只怔怔地看着阿齐，似乎想在他脸上找出阿河的影子。哎，我说什么好呢？愿运命之神长远庇护着她吧！

第二天我便托故离开了那别墅；我不愿再见那湖光山色，更不愿再见那间小小的厨房！

1926 年 1 月。

16. 文人宅

● 朱自清

杜甫《最能行》云，"若道士无英俊才，何得山有屈原宅?"《水经注》，秭归"县北一百六十里有屈原故宅，累石为屋基"。看来只是一堆烂石头，杜甫不过说得嘴响罢了。但代远年湮，渺茫也是当然。往近里说，《孽海花》上的"李纯客"就是李慈铭，书里记着他自撰的楹联，上句云，"保安寺街藏书一万卷"；但现在走过北平保安寺街的人，谁知道那一所屋子是他住过的? 更不用提屋子里怎么个情形，他住着时怎么个情形了。要凭吊，要留恋，只好在街上站一会儿出出神而已。

西方人崇拜英雄可真当回事儿，名人故宅往往保存得好。譬如莎士比亚吧，老宅子，新宅子，太太老太太宅子，都好好的；连家具什物都存着。莎士比亚也许特别些，就是别人，若有故宅可认的话，至少也在墙上用木牌标明，让访古者有低徊之处；无论宅里住着人或已经改了铺子。这回在伦敦所见的四文人宅，时代近，宅内情形比莎士比亚的还好；四所宅子大概都由私人捐款收买，布置起来，再交给公家的。

约翰生博士（Samuel Johnson，*1709—1784*）宅，在旧城，是三层楼房，在一个小方场的一角上，静静的。他一七四八年进宅，直住了十一年；他太太死在这里。他和助手就在三层楼上小屋里编成了他那部大字典。那部寓言小说（allegorical novel）《刺塞拉斯》（《Rasselas》）大概也在这屋子里写成；是晚上写的，只写了一礼拜，为的要付母亲下葬的费用。屋里各处，如门堂，复壁板，楼梯，碗橱，厨房等，无不古气盎然。那著名的大字典陈列在楼下客室里；是第三版，厚厚的两大册。他编著这部字典，意在保全英语的纯粹，并确定字义；因为当时作家采用法国字的实在太多了。字典中所定字义有些很幽默：如"女诗人，母诗人也"（she – poet，盖准 shegoat——母山羊——字例），又如"燕麦，谷之一种，英格兰以饲马，而苏格兰则以民食也"，都够损的。——伦敦约翰生社便用这宅子作会所。

济兹（John Keats, 1795—1821）宅，在市北汉姆司台德区（(ampstead)。他生卒虽然都不在这屋子里，可是在这儿住，在这儿恋爱，在这儿受人攻击，在这儿写下不朽的诗歌。那时汉姆司台德区还是乡下，以风景著名，不像现在人烟稠密。济兹和他的朋友布朗（Charles Armitage Brown）同住。屋后是个大花园，绿草繁花，静如隔世；中间一棵老梅树，一九二一年干死了，干子还在。据布朗的追记，济兹《夜莺歌》似乎就在这棵树下写成。布朗说，"一八一九年春天，有只夜莺做案在这屋子近处。济兹常静听它歌唱以自怡悦；一天早晨吃完早饭，他端起一张椅子坐到草地上梅树下，直坐了两三点钟。进屋子的时候，见他拿着几张纸片儿，塞向书后面去。问他，才知道是歌咏我们的夜莺之作。"这里说的梅树，也许就是花园里那一棵。但是屋前还有草地，地上也是一棵三百岁老桑树，枝叶扶疏，至今结桑椹；有人想《夜莺歌》也许在这棵树下写的。济兹的好诗在这宅子里写的最多。

他们隔壁住过一家姓布龙（Brawne）的。有位小姐叫凡耐（Fanny），让济兹爱上了，他俩订了婚，他的朋友颇有人不以为然，为的女的配不上；可是女家也大不乐意，为的济兹身体弱，又像疯疯癫癫的。济兹自己写小姐道："她个儿和我差不多——长长的脸蛋儿——多愁善感——头梳得好——鼻子不坏，就是有点小毛病——嘴有坏处有好处——脸侧面看好，正面看，又瘦又少血色，像没有骨头。身架苗条，姿态如之——胳膊好，手差点儿——脚还可以——她不止十七岁，可是天真烂漫——举动奇奇怪怪的，到处跳跳蹦蹦，给人编诨名，近来愣叫我'自美自的女孩子'——我想这并非生性坏，不过爱闹一点漂亮劲儿罢了。"

一八二〇年二月，济兹从外面回来，吐了一口血。他母亲和三弟都死在痨病上，他也是个痨病底子；从此便一天坏似一天。这一年九月，他的朋友赛焚（JosephSevern）伴他上罗马去养病；次年二月就死在那里，葬新教坟场，才二十六岁。现在这屋子里陈列着一圈头发，大约是赛焚在他死后从他头上剪下来的。又次年，赛焚向人谈起，说他保存着可怜的济兹一点头发，等个朋友捎回英国去；他说他有个怪想头，想照他的希腊琴的样子作根别针，就用济兹头发当弦子，送给可怜的布龙小姐，只恨找不到这样的手艺人。济兹头发的颜色在各人眼里不大一样：有的说赤褐色，有的说棕色，有的说暖棕色，他二弟两口子说是金红色，赛焚追画他的像，却又画作深厚的棕黄色。布龙小姐的头发，这儿也有一并存着。

他俩订婚戒指也在这儿，镶着一块红宝石。还有一册仿四折本《莎士比亚》，是济兹常用的。他对于莎士比亚，下过一番苦工夫；书中页边行里都画着道儿，也有些精湛的评语。空白处亲笔写着他见密尔顿发和独坐重读《黎琊王》剧作两首诗；书名页上记着"给布龙凡耐，一八二〇"，照年份看，准是上意大利去时送了作纪念的。珂罗版印的《夜莺歌》墨迹，有一份在这儿，另有哈代《汉姆司台德宅作》一诗手稿，是哈代夫人捐赠的，宅中出售影印本。济兹书法以秀丽胜，哈代的以苍老胜。

这屋子保存下来却并不易。一九二一年，业主想出售，由人翻盖招租。地段好，脱手一定快的；本区市长知道了，赶紧组织委员会募款一万镑。款还募得不多，投机的建筑公司已经争先向业主讲价钱。在这千钧一发的当儿，亏得市长和本区四委员迅速行动，用私人名义担保付款，才得挽回危局。后来共收到捐款四千六百五十镑（约合七八万元），多一半是美国人捐的；那时正当大战之后，为这件事在英国募款是不容易的。

加莱尔（ThomasCarlyle, 1795—1881）宅，在泰晤士河旁乞而西区（Chelsea）；这一区至今是文人艺士荟萃之处。加莱尔是维多利亚时代初期的散文家，当时号为"乞而西圣人"。一八三四年住到这宅子里，一直到死。书房在三层楼上，他最后一本书《弗来德力大帝传》就在这儿写的。这间房前面临街，后面是小园子；他让前后都砌上夹墙，为的怕那街上的嚣声，园中的鸡叫。他著书时坐的椅子还在；还有一件呢浴衣。据说他最爱穿浴衣，有不少件；苏格兰国家画院所藏他的画像，便穿着灰呢浴衣，坐在沙发上读书，自有一番宽舒的气象。画中读书用的架子还可看见。宅里存着他几封信，女司事愿意念给访问的人听，朗朗有味。二楼加莱尔夫人屋里放着架小屏，上面横的竖的斜的正的贴满了世界各处风景和人物的画片。

迭更斯（CharlesDickens, 1812—1870）宅，在"西头"，现在是热闹地方。迭更斯出身贫贱，熟悉下流社会情形；他小说里写这种情形，最是酣畅淋漓之至。这使他成为"本世纪最通俗的小说家，又，英国大幽默家之一"，如他的老友浮斯大（JohnForster）给他作的传开端所说。他一八三六年动手写《比克维克秘记》（《PickwickPapers》），在月刊上发表。起初是绅士比克维克等行猎故事，不甚为世所重；后来仆人山姆（SamWeller）出现，谈谐嘲讽，百变不穷，那月刊顿时风

行起来。迭更斯手头渐宽，这才迁入这宅子里，时在一八三七年。

他在这里写完了《比克维克秘记》，就是这一年印成单行本。他算是一举成名，从此直到他死时，三十四年间，总是蒸蒸日上。来这屋子不多日子，他借了一个饭店举行《秘记》发表周年纪念，又举行他夫妇结婚周年纪念。住了约莫两年，又写成《块肉余生述》，《滑稽外史》等。这其间生了两个女儿，房子挤不下了；一八三九年终，他便搬到别处去了。

屋子里最热闹的是画，画着他小说中的人物，墙上大大小小，突梯滑稽，满是的。所以一屋子春气。他的人物虽只是类型，不免奇幻荒唐之处，可是有真味，有人味；因此这么让人欢喜赞叹。屋子下层一间厨房，所谓"丁来谷厨房"，道地老式英国厨房，是特地布置起来的——"丁来谷"是比克维克一行下乡时寄住的地方。厨房架子上摆着带釉陶器，也都画着迭更斯的人物。这宅里还存着他的手杖，头发；一朵玫瑰花，是从他尸身上取下来的；一块小窗户，是他十一岁时住的楼顶小屋里的；一张书桌，他带到美洲去过，临死时给了二女儿，现时罩着紫色天鹅绒，蛮伶俐的。此外有他从这屋子寄出的两封信，算回了老家。

这四所宅子里的东西，多半是人家捐赠；有些是特地买了送来的。也有借得来陈列的。管事的人总是在留意搜寻着，颇为苦心热肠。经常用费大部靠基金和门票、指南等余利；但门票卖的并不多，指南照顾的更少，大约维持也不大容易。

格雷（ThomasGray，*1716—1771*）以《挽歌辞》（《ElegyWritteninaCountryChurchyard》）著名。原题中所云"作于乡村教堂墓地中"，指司妥克波忌士（StokePoges）的教堂而言。诗作于一七四二格雷二十五岁时，成于一七五〇，当时诗人怀古之情，死生之感，亲近自然之意，诗中都委婉达出，而句律精妙，音节谐美，批评家以为最足代表英国诗，称为诗中之诗。诗出后，风靡一时，诵读模拟，遍于欧洲各国；历来引用极多，至今已成为英美文学教育的一部分。司妥克波忌士在伦敦西南，从那著名的温泽堡（WindsorCastle）去是很近的。四月一个下午，微雨之后，我们到了那里。一路幽静，似乎鸟声也不大听见。拐了一个小弯儿，眼前一片平铺的碧草，点缀着稀疏的墓碑；教堂木然孤立，像戏台上布景似的。小路旁一所小屋子，门口有小木牌写着格雷陈列室之类。出来一位白发老人，殷勤地引我们去看格雷墓，长方形，特别大，是和他母亲、姨母合葬的，紧挨着教堂墙下。又看水松树（yewtree），老人说格雷在那树下写《挽歌辞》来着；《挽歌辞》里提到水松树，倒是确实的。我们又兜了个大圈子，才回到小屋里，看《挽歌辞》真迹的影印本。还有几件和格雷关系很疏的旧东西。屋后有井，老人自己汲水灌园，让我们想起"灌园叟"来；临别他送我们每人一张教堂影片。

17. 秋夜吟

◉ 郑振铎

幸亏找到了小石。这一年的夏天特别热，整个夏天我以面包和凉开水作为午餐；等太阳下去，才从那蛰居小楼的蒸烤中溜出来，嘘一口气，兜着圈子，走冷僻的路到他家里，用我们的话，"吃一顿正式的饭"。

小石是一个顽皮的学生，在教室里发问最多，先生们一不小心，就要受窘。但这次在忧患中遇见，他却变得那么沉默寡言了。既不问我为什么不到内地去，也不问我在上海有什么任务，当然也不问我为什么不住在庙弄，也绝对不问我如今住在什么地方。

我突然找到他了，突然每晚到他家里吃饭了，然而这仿佛是平常不过的事，早已如此，一点不突然。料理饮食的也是小石一位朋友的老太太，我们共同享用着正正式式的刚煮好的饭，还有汤——那位老太太在午间从不为自己弄汤菜，那是太奢侈了。——在那里，我有一种安全的感觉。直到有一次我在这"晚宴"上偶然缺席，第二天去时看到他们的脸上是怎样从焦虑中得到解放，才知道他们是如何理解我的不安。那位老太太手里提着铲刀，迎着我说："哎呀，郑先生，您下次不来吃饭最好打电话来关照一声啊，我们还当您怎么了呢。"

然而小石连这个也不说。

于是只好轮到我早一点话，在吃过晚饭之后，什么版画，元曲，变文，老庄哲学，都拿来乱谈一顿，自己听听很像是在上文学史之类的课，有点可笑。

于是我们就去遛马路。

有时同着二房东的胖女孩，有时拉着后楼的小姐L，大家心里舒舒坦坦的出去"走风凉"。小石是喜欢魏晋风的，就名之谓"行散"。

遛着遛着也成为日课，一直到光脚踏屐的清脆叩声渐渐冷落下来，后门口乘风凉的人们都缩进屋里去了，我们行散的兴致依然不减。

秋天的黄昏比夏天的更好，暮霭像轻纱似的一层一层笼罩上来，迷迷糊糊的雾气被凉风吹散。夜了，反觉得亮了些，天蓝的清清净净，撑得高高的，嵌出晶莹皎洁的月亮，真是濯心涤神，但非忘却追捕，躲避，恐怖，愤怒，直要把思维上腾到国家世界以外去。

我们一边走着，一边谈性灵，谈人类的命运，争辩月之美是圆时还是缺时，是微云轻抹还是万里无垠……

　　小石的住所朝南再朝南。是徐家汇路，临着一条河，河南大都是空地和田，没有房子遮着，天空更畅得开，我们从打浦桥顺着河沿往下走往下走，把一道土堆算城墙，又一幢黑魆魆的房屋算童话里的堡垒，听听河水是不是在流。

　　走得微倦，便靠在河边一株横倒的树干上，大家都不谈话。

　　可是一阵风吹过来了，夹着河水污浊的气味，熏得我们站起来。这条河在白天原是不可向迩的。"夜只是遮盖，现实到底是现实，不能化朽腐为神奇！"小石叹了口气。

　　觉着有点凉，我随手取起了放在树干上的外衣，想穿。"嘎！"L叫了起来，"有毛毛虫！"外衣上附着两只毛虫呢，连忙抖拍了下去。大家忙一阵，皮肤起着栗，好像有虫在爬。

　　"不要神经过敏了，听，叫哥哥在叫呢。"

　　"不，那是纺织娘。"

　　"哪里，那一定是铜管娘。"

　　"什么铜管娘，昆虫学里没有的名字。"

　　其实谁也没有研究过昆虫学。热心的争论起来了，把毛毛虫的不快就此抖掉。

　　"听，那边更多呢。"

　　一路倾听过去，忽然有一个孩子的声音叫：

　　"在这里了。"

　　那是一个穿了睡衣裤的小孩，手里执着小竹笼，一条辫子梢上还系着红线，一条辫子已经散了，大概是睡了听见叫哥哥叫的热闹又爬起来的。

　　"你不要动，等我捉。"铁丝网那边的丛莽中有一个男人在捉，看样子很是外行，拿了盒火柴，一根根划着。

　　秋虫的声音到处都是，可是去捉呢，又像在这里，又像在那里，孩子怕铁丝网刺他，又急着捉不到，直叫。

小石也钻进丛莽里去了。

一个骑自行车的人经过，也停下来，放好了车，取下了车上的电石灯，也加入去捉了。

这人可是个惯家，捉了一会，他说："不行，这样，你拿着灯，我来捉。"原来的男人很听话的赶快把灯接过来，很合拍的照亮着。

果然，不一会，骑自行车的人就捉到了一只，大家钻出来，孩子喜欢得直跳。

骑自行车的人大大的手里夹着叫哥哥，因为感觉到大家欣赏他的成功而害羞，怯怯的说道："给谁呢？给谁呢？"

原来在捉的男人就推给小石说："先给他吧，他不会捉的。"孩子也说："给你吧，我们还好再捉。"

小石被这亲热的退让和赠予弄得不好意思起来，连忙走开去，说："哪里，哪里，我原不想要，我是帮你们捉的，"想想自己又不会捉，又改说，"我不过凑凑热闹。"

我们也说："小妹妹别客气了，把它放在笼子里吧，看跳掉了。"

那个孩子才欢欢喜喜感谢地要了，男人和骑自行车的又钻进丛莽中去。

小石一边走，一边笑，一边咕噜："我又不是小孩子，推给我做什么。"

L说："人家当你比那个小孩还小啦，这又有什么可脸红的呢。"

于是小石就辩了："月亮光底下看得出脸红脸白么。"

其实我们大家都饫饮这善良的温情而陶然了。

走得很远，回过头去，还看得见丛莽里一闪一闪亮着自行车的摩电灯。

18. 儿时

◉ 瞿秋白

狂胪文献耗中年，亦是今生后起缘；

猛忆儿时心力异：一灯红接混茫前。

—— 定盒诗

生命没有寄托的人，青年时代和"儿时"对他格外宝贵。这种浪漫蒂克的回忆其实并不是发现了"儿时"的真正了不得，而是感觉到"中年"以后的衰退。本来，生命只有一次，对于谁都是宝贵的。但是，假使他的生命溶化在大众的里面，假使他天天在为这世界干些什么，那么，他总在生长，虽然衰老病死仍旧是逃避不了，然而他的事业——大众的事业是不死的，他会领略到"永久的青年"。而"浮生如梦"的人，从这世界里拿去的很多，而给这世界的却很少，——他总有一天会觉得疲乏的死亡，他连拿都没有力量了。衰老和无能的悲哀，像铅一样的沉重，压在他的心头。青春是多么短呵！

"儿时"的可爱是无知。那时候，件件都是"知"，你每天可以做大科学家和大哲学家，每天在发现什么新的现象，新的真理。现在呢？"什么"都已经知道了，熟悉了，每一个人的脸部已经看厌了。宇宙和社会是那么陈旧，无味，虽则它们其实比"儿时"新鲜得多了。我于是想念"儿时"，祷告"儿时"。

不能够前进的时候，就愿意退后几步，替自己恢复已经走过的前途。请求"无知"回来，给我求知的快乐。可怕呵，这生命的"停

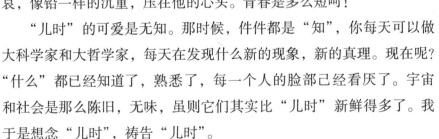

止"。

过去的始终过去了，未来的还是未来，究竟感慨些什么——我问自己。

19. 家书

● 瞿秋白

前几天我得着北京来信，一是胞弟的手笔，还是今年三月间发的，音问梗塞直到现在方来。他写着中国家庭里都还"好"。唉！我读这封信，又有何等感想！一家骨肉，同过一生活，共患难艰辛，然而不得不离别，离别之情反使他的友谊深爱更沉入心渊，感切肺腑。况且我已经有六个月不得故乡只字。如今也和"久待的期望一旦满足"相似，令人感动涕泣，热泪沾襟了。

然而，……虽则是如杜少陵所言"家书抵万金"，这一封信，真可宝贵；他始终又引起我另一方面的愁感，暗示我，令我回想旧时未决的问题；故梦重温未免伤怀呵。问题！问题！好几年前就萦绕我的脑际：为什么要"家"？我的"家"为了什么而存在的？——他早已失去一切必要的形式，仅存一精神上的连系罢了！

唉！他写着"家里好"。这句话有什么意思？明白，明白，你或者是不愿意徒乱我心意罢了？我可知道，我全都知道：你们在家，仍旧是像几年前，——那时我们家庭的形式还勉强保存着，——那种困苦的景况呵。

我不能信，我真不能信……

中国曾有所谓"士"的阶级，和欧洲的智识阶级相仿佛而意义大不相同。在过去时代，中国的"士"在社会上享有特权，实是孔教徒的阶级，所谓"治人之君子"，纯粹是智力的工作者，绝对不能为体力劳动，"手无缚鸡之力"的读书人。现在呢，因为中国新生资产阶级，加以外国资本的剥削，士的阶级，受此影响，不但物质生活上连精神生活上也特显破产状况。士的阶级就在从前，也并没正式的享受经济特权，他能剥削平民仅只因为他是治人之君子，是官吏；现在呢，小官僚已半文不值了，剥削方法换了，不做野蛮的强盗（督军），就得做文明的猾贼（洋行买办）；士的阶级已非"官吏"所能消纳，迫而走入雇佣劳动队里；那以前一些社会特权（尊荣）的副产物——经济地位，就此消失。并且，因孔教之衰落，士的阶级并社会的事业也都消失，自己渐渐的破坏中国式的上等社会之礼俗，同时为新生的欧化的资产阶级所挤，已入于旧时代"古物陈列馆"中。士的阶级于现今已成社会中历史的遗物了。

　　我的家庭，就是士的阶级，他也自然和大家均摊可怜的命运而绝对的破产了。

　　我的母亲为穷所驱，出此宇宙。只有她的慈爱，永永留在我心灵中，——是他给我的唯一遗产。父亲一生经过千万痛苦，而今因"不合时宜"，在外省当一小学教员，亦不能和自己的子女团聚。兄弟姊妹呢，有的在南，有的在北，劳燕分飞，寄人篱下，——我又只身来此"饿乡"。这就是我的家庭。这就是所谓"家里还好"！

　　问题，问题！永不能解决的，假使我始终是"不会"生活，——不会做盗贼。况且这是共同的命运，让他如此，又怎么样呢？

　　总有那一天，所有的"士"无产阶级化了，那时我们做我们所能做的！总有那一天呵……

11 月 26 日。

20. 无穷红艳烟尘里

◉ 石评梅

　　一样在寒冻中欢迎了春来，抱着无限的抖颤惊悸欢迎了春来，然而阵阵风沙里夹着的不是馨香而是血腥。片片如云雾般的群花，也正在哀呼呻吟于狂飙尘沙之下，不是死的惨白，便是血的鲜红。试想想一个疲惫的旅客，她在天涯中奔波着这样惊风骇浪的途程，目睹耳闻着这些愁惨冷酷的形形色色，她怎能不心碎呢！既不能运用宝刀杀死那些扰乱和平的恶魔，又无烈火烧毁这恐怖的黑暗和荆棘，她怎能不垂涕而愤恨呢！

　　已是暮春天气，却为何这般秋风秋雨？假如我们记忆着这个春天，这个春天是埋葬过一切的光荣。他像深夜中森林里的野火，是那样寂寂无言的燃烧着，他像英雄胸中刺出的鲜血，直喷洒在枯萎的花瓣上，是那样默默的射放着醉人心魂的娇艳。春快去了，和着一切的光荣逝去了，但是我们心头愿意永埋这个春天，把她那永远吹拂人类生意而殉身的精神记忆着。

　　现在真不知怎样安放这颗百创的心，而我们自己的头颅何时从颈上飞去呢！这只有交付给渺茫的上帝了。春天我是百感交集的日子，但是今年我无感了。除了睁视默默外，既不会笑也不会哭，我更觉着生的不幸和绝望；愿天爽性把这地球捣成碎粉，或者把我这脆弱有病的心态调换成那些人的心，我也一手一只手枪飞骑驰骋于人海之中，看着倒践在我铁蹄下的血尸，微笑快意！然而我终究都不能如愿，世界不归我统治，人类不听我支配，只好叹息着颤悸着，看他们无穷的肉搏和冲杀吧！

　　有时我是会忘记的。当我在一群提振烂漫的小姑娘中间，悄悄地看她们的舞态，听她们的笑声，对我像一个不知道人情世故的人，更不知道世界上还有许多不幸和罪恶。当我在杨柳岸，伫立着听足下的泉声，残月孤星照着我的眉目，晚风吹拂着我的衣裙，把一颗平静的心，放在水面月光上时，我也许可以忘掉我的愁苦，和这世界的愁苦。

　　常想钻在象牙塔里，不要伸出头来，安稳甘甜的做那痴迷恍惚的梦；但是有时象牙塔也会爆裂的，终于负了满身创伤掷我于十字街头，令我目睹着一切而惊心落魄！这时花也许开的正鲜艳，草也许生的很青翠，潮水碧油油的，山色绿葱葱的；但是在灰全烟火中，埋葬着无穷娇艳青春的生命。我疲惫的旅客呵！不忍睁眼再看那密布的墨云，风雨欲来时的光景了。

　　我祷告着，愿我是个又聋又瞎的哑小孩。

21. 同是上帝的儿女

◉ 石评梅

　　狂风——卷土扬沙的怒吼，人们所幻想的璀璨庄严的皇城，确是变成一片旷野无人的沙漠；这时我不敢骄傲了，因为我不是一只富于沙漠经验的骆驼——忠诚的说，连小骆驼的梦也未曾做过。

　　每天逢到数不清的洋车，今天都不知被风刮在哪里去；但在这广大的沙漠中，我确实到急切的需要了。堪笑——这样狼狈，既不是贿选的议员，也不是树倒的猴狲，而是因有温馨的诱惑着我；在这萧条凄寒的归路里，我只得蹒跚迎风，呻吟着适之先生的"努力"。

我觉着走了有数十里，实际不过是由学校走到西口，这时揉揉眼睛，猛然有了发现：

两个小的活动的骷髅，抬着一辆曾拖过尸骸的破车，一个是男的在前面，一个是女的在后面，她的嘴似乎动了一动，细听这抖颤的声浪，她说：

"大姑儿您要车？"

"你能拉动我吗？这样小的车夫。"

"大姑儿，您坐吧，是那儿？"前边那个小男孩也拖着车子问我。但是我总不放心，明知我近来的乡愁闲恨，量——偌大的人儿，破碎的车儿，是难以载起。决定后，我踏大步的向前走了。

"大姑儿，您可怜小孩们吧！爸爸去打仗莫有回家，妈妈现在病在床上，想赚几个铜子，给妈妈一碗粥喝，但老天又这样风大！"后面那女孩似唱似诉的这样说。

真大胆，真勇气，记得上车时还很傲然：等他们拖不了几步，我开始在车上战栗了！不禁低头看看：我怀疑了，为什么我能坐车，他们只这样拉车？为什么我穿着耀目丝绸的皮袍，他们只披着百结的单衣？为什么我能在他们面前当小资本家，他们只在我几枚铜子下流着血汗？

谁能不笑我这浅陋呢？

良心，或者也可说是人情，逼着我让他们停了车，抖颤的掏出钱袋，倾其所有递给他们；当时我只觉两腮发热，惭愧的说不出什么！

他们惊讶的相望着，最终他们来谢我的，不是惨淡的笑容，是浸入土里的几滴热泪！至现在我还怀疑我们……同是上帝的儿女！"

22．董二嫂

● 石评梅

夏天的一个黄昏，我和父亲坐在葡萄架下看报，母亲在房里做花糕；嫂嫂那时病在床上。我们四周的空气非常静寂，晚风吹着鬓角，许多散发飘扬到我脸上，令我沉醉在这穆静慈爱的环境中，像饮着醇醴一样。

这时忽然送来一阵惨呼哀泣的声音！我一怔，浑身的细胞纤维都紧张起来，我掷下报陡然的由竹椅上站起，父亲也放下报望着我，我们都屏声静气的听着！这时这惨呼声更真切了，还夹着许多人声骂声、重物落在人身上的打击声！母亲由房里走出，挽着袖张着两只面粉手，也站在台阶上静听！

这声音似乎就在隔墙。张妈由后院嫂嫂房里走出；看见我们都在院里，她惊惶地说："董二嫂又挨打了，我去瞧瞧怎么回事？"

张妈走后，我们都莫有说话；母亲低了头弄她的面手，父亲依然看着报，我一声不响的站在葡萄架下。哀泣声，打击声，嘈杂声依然在这静寂空气中荡漾。我想着人和人中间的感情，到底用什么维系着？人和人中间的怨仇，到底用什么纠结着？我解答不了这问题，跑到母亲面前去问她："妈妈！她是谁？常常这样闹吗？"

"这些事情不稀奇，珠，你整天在学校里生活，自然看不惯；其实家庭里的罪恶，像这样的多着呢。她是给咱挑水的董二的媳妇，她婆婆是著名的狠毒人，谁都惹不起她；耍牌输了回来，就要找媳妇的气生。董二又是一个糊涂人；听了他娘的话就拼命的打媳妇！隔不了十几天，就要闹一场；将来还不晓的弄什么祸事。"

　　母亲说着走进房里去了。我跑到后院嫂嫂房里，刚上台阶我就喊她，她很细微的答应了我一声！我揭起帐子坐在床沿，握住她手问她："嫂嫂！你听见莫有？那面打人！妈妈说是董二的媳妇。"

　　"珠妹！你整天讲妇女问题，妇女解放，你能拯救一下这可怜被人践踏毒打的女子吗？"

　　她说完望着我微笑！我浑身战栗了！惭愧我不能向她们这般人释叙我高深的哲理，我又怎能有力拯救这些可怜的女同胞！我低下头想了半天，我问嫂嫂："她这位婆婆，我们能说进话吗？假使能时，我想请她来我家，我劝劝她；或者她会知道改悔！"

　　"不行，我们刚从省城回来，妈妈看不过；有一次叫张妈请她婆婆过来，劝导她；当时她一点都不承认她虐待姐姐，她反说了许多董二媳妇的坏话。过后她和媳妇生气时，嘴里总要把我家提到里边，说妈妈给她媳妇支硬腰，合谋的要逼死她；妹！这样无智识的人，你不能理喻的；将来有什么事或者还要赖人，所以旁人绝对不能干涉他们家庭内的事！咳！那个小姐姐，前几天还在舅母家洗了几天衣裳，怪可人的模样儿，晓的她为什么这般薄命逢见母夜叉？"

　　张妈回来了。气的脸都青了，喘着气给我斟了一杯茶，我看见她这样忍不住笑了！嫂嫂笑着望她说："张妈！何必气的这样，你记住将来狗子娶了媳妇，你不要那么待她就积德了。"

　　"少奶奶！阿弥陀佛！我可不敢，谁家里莫有女儿呢；知道疼自己的女儿，就不疼别人的女儿吗？狗子娶了媳妇我一定不歪待她的，少奶奶你不信瞧着！"

　　她们说的话太远了，我是急于要从张妈嘴里晓的董二嫂究竟为了什么挨打。后来张妈仔细的告诉我，原来为董二的妈今天在外边输了钱。回来向她媳妇借钱，她说莫有钱；又向她借东西，她说陪嫁的一个橱两个箱，都在房里，不信时请她去自己找，董二娘为了这就调唆着董二打他媳妇！确巧董二今天在坡头村吃了喜酒回来，醉熏熏的听了他娘的话，不分皂白便痛打了她一阵。

那边哀泣声已听不到，张妈说完后也帮母亲去蒸花糕，预备明天我们上山做干粮的。吃晚饭时母亲一句话都莫有说，父亲呢也不如平常高兴；我自己也莫名其妙的荡漾起已伏的心波！那夜我莫有看书，收拾了一下我们上山的行装后，很早我就睡了。睡下时我偷偷在枕上流泪！为什么我真说不来，我常想着怎样能安慰董二嫂？可怜我们在一个地球上，一层粉墙隔的我们成了两个世界里的人，为什么我们无力干涉她？什么县长，什么街长？他们诚然比我有力去干涉她，然而为什么他们都视若罔睹，听若罔闻呢！

"十年媳妇熬成婆"，大概他们觉得女人本来不值钱，而女人给人做媳妇，更是命该倒霉受苦的！因之他们毫不干涉，看着这残忍野狠的人们猖狂，看着这可怜微小的人们呻吟！要环境造成了这个习惯，这习惯又养了这个狠心。根本他们看一个人的生命，和蚂蚁一样的不在意。可怜屏弃在普通常识外的人们呵！什么时候才认识了女人是人呢？

第二天十点钟我和父亲昆侟坐了轿子去逛山，母亲将花糕点心都让人挑着。那天我们都高兴极了！董二嫂的事，已不在我们心域中了！在杨村地方，轿夫们都放下轿在那里息肩，我看见父亲怒冲冲的和一个轿夫说话，站的远我听不真，看样子似乎父亲责备那个人。我问昆侟那个轿夫是谁？他说那就是给我们挑水的董二。我想到着父亲一定是骂他不应该欺侮他自己的女人。我默祷着董二嫂将来的幸福，或许她会有从黑洞中爬出来，逃了野兽们蹂躏的一天！

我们在山里逛了七天，父亲住在庙里看书，我和昆侟天天看朝霞望日升，送晚虹迎月升，整天在松林青峰清溪岩石间徘徊。夜里在古刹听钟声，早晨在山上听禽鸣；要不然跑到野草的地上捕捉蝴蝶。这是我生命里永不能忘记的，伴着年近古稀的老父，偕着双鬓未成的小侄，在这青山流水间，过这几天浪漫而不受任何拘束的生活。

七天后，母亲派人来接我们。抬轿的人换了一个，董二莫有来。下午五点钟才到家，看见母亲我高兴极了，和我由千里外异乡归来一样：虽然这仅是七天的别离。跑到后院看嫂嫂，我给她许多美丽的蝴蝶，昆侄坐在床畔告诉她逛山的所见，乱七八糟不知她该告诉母亲什么才好。然而嫂嫂绝不为了我们的喜欢而喜欢，她仍然很忧郁的不多说话，我想她一定是为了自己的病。我正要出去，张妈揭帘进来，嘴口张了几张似乎想说话又不敢说，只望着嫂嫂；我奇怪极了，问她："什么？张妈？""太太不让我告小姐。"

她说着时望着嫂嫂。昆侄比我还急，跳下床来抱住张妈像扭股儿糖一样缠她，问她什么事不准姑姑知道？嫂嫂笑了！她说："其实何必瞒你呢：不过妈因为你胆子小心又软，不愿让你知道；不过这些事在外边也很多，你虽看不见，然而每天社会新闻栏里有的是，什么稀奇事儿！"

"什么事呢？到底是什么事？"我问。

张妈听了嫂嫂话，又听见我追问，她实在不能耐了，张着嘴，双手张开跳到我面前，她说："董二的媳妇死了！"

我莫有勇气，而且我也想不必，因之我不追问究竟了。我扶着嫂嫂的床栏呆呆地站了有十分钟，嫂嫂闭着眼睛，张妈在案上检药包，昆侄拉着我的衣角这样沉默了十分钟。后来还是奶妈进来叫我吃饭，我才回到妈妈房里。妈妈莫有说什么，父亲也莫有说什么，然而我已知道他们都得到这个消息了！一般人认为不相干的消息，在我们家里，却表示了充分的黯淡！

董二嫂死了！不过像人们无意中践踏了的蚂蚁，董二仍然要娶媳妇，董二娘依尽要当婆婆，一切形式似乎都照旧。

直到我走，我再莫有而且再不能听见那哀婉的泣声了！然而那凄哀的泣声似乎常常在我耳旁萦绕着！同时很惭愧我和她是两个世界的人，我感觉到自己的力量太微小了，我是贵族阶级的罪人，我不应该怨恨一切无智识的狠毒妇人，我应该怨自己未曾指导救护过一个人。

23. 归来

● 石评梅

四围山色中，一鞭残照里，我骑着驴儿归来了。过了南天门的长山坡，远远望见翠绿丛中一带红墙，那就是孔子庙前我的家了，心中说不出是什么滋味，这又是一度浩劫后的重生呢。依稀在草香中我嗅着了血腥：在新家里看见了战骨。我的家，真能如他们信中所说的那样平安吗？我有点儿不相信。

抬头已到了城门口，在驴背上忽然听见有人唤我的乳名。这声音和树上的蝉鸣夹杂着，我不知是谁？回过头来问跟着我的小童："珑珑！听谁叫我呢！你跑到前边看看。"接着又是一声，这次听清楚了是父亲的声音；不过我还不曾看见他到底是在哪里喊我，驴儿过了城洞我望见一个新的炮垒，父亲穿着白的长袍，站在那土丘的高处，银须飘拂向我招手；我慌忙由驴背上下来，跑到父亲面前站定，心中觉着凄梗万分，眼泪不知怎么那样快，我怕父亲看见难受，不敢抬起头来，也说不出什么话来。父亲用他的手抚摩着我的短发，我心里感到异样的舒适与愉快。也许这是梦吧，上帝能给我们再见的机会。

沉默了一会，我才抬起头来，看父亲比别时老多了，面容还是那样慈祥，不过举动得迟钝龙钟了。我扶着他下了土坡，慢慢缘着柳林的大道，谈着路上的情形。我又问问家中长亲们的健康，有的死了，有的还健在，年年归来都是如此沧桑呢。珑珑赶着驴儿向前去了，我和父亲缓步在黄昏山色中。

过了孔庙的红墙，望见我骑的驴儿拴在老槐树上，昆林正在帮着珑珑拿东西呢！她见我来了，把东西扔了就跑来，喊了一声"梅姑！"，她似乎有点害羞，马上低了头，我握着她手一端详：这孩子出脱的更好看了，一头如墨云似的头发，衬着她如雪的脸儿，睫毛下一双大眼睛澄碧灵活，更显得她聪慧过人。这年龄，这环境，完全是十年前我的幻影，不知怎样联想起自己的前尘，悄悄在心底叹了一口气。

进了大门，母亲和一个不认识的女人坐在葡萄架下，嫂嫂正在洗手。她们看见我都喜欢的很。母亲介绍那个人，原来是新娶的八婶。吃完饭，随便谈谈奉军春天攻破娘儿关的恐慌虚惊，母亲就让我上楼去休息。这几间楼房完全是我特备的，回来时母亲就收拾清楚，真是窗明几净，让我这匹跋涉千里、疲惫万分的征马，在此卸鞍。走了时就封锁起来，她日夜望着它祷祝我平安归来。

每年走进这楼房时，纵然它是如何的风景依然，我总感到年年归来时的心情异昔。扶着石栏看紫光弥漫中的山城，天宁寺矗立的双塔，依稀望着我流浪的故人微笑！沐浴在这苍然暮色的天幕下时，一切扰攘奔波的梦都霍然醒了。忘掉我还是在这器杂的人寰。尤其令我感谢的是故乡能逃出野蛮万恶的奉军蹂躏，今日归来不仅天伦团聚而且家园依旧。

我看见一片翠挺披拂的玉米田，玉米田后是一畦畦的瓜田，瓜田尽头处是望不断的青山，青山的西面是烟火、人家、楼台城廓，背着一带黑森森的树林，树梢头飘游着逍遥的流云。静悄悄不见一点儿嘈杂的声音，只觉一阵阵凉风吹摩着鬓角衣袂，几只小鸟在白云下飞来飞去。

我羡慕流云的逍遥，我忌恨飞鸟的自由，宇宙是森罗万象的，但我的世界却是狭的笼呢！

追逐着，追逐着，我不能如愿满足的希望。来到这里又想那里，在那里又念着回到这里，我痛苦的，就是这不能宁静不能安定的灵魂。

正凝想着，昆林抱着黑猫上来了。这是母亲派来今夜陪我的侣伴。

临睡时，天暮上只有几点半明半暗的小星星。我太疲倦了，这夜不曾失眠，也不曾做梦。

24．梦呓

● 石评梅

一

我在拢攘的人海中感到寂寞了。

今天在街上遇见一个老乞婆，我走过她身边时，他流泪哀告着她的苦状，我施舍了一点。走前未几步，忽然听见后面有笑声，那笑声刺耳的可怕！回头看，原来是刚才那个哭的很哀痛的老乞婆，和另一个乞婆指点我的背影笑！她是胜利了，也许笑我的愚傻吧！我心颤栗着，比逢见疯狗还怕！

其实我自己也和老乞婆一样呢！

初次见了我的学生，我比见了我的先生怕百倍，因为我要在她们面前装一个理想的先生，宏博的学者，经验丰富的老人……笑一天时，回来到夜里总是哭！因为我心里难受，难受我的笑！

对同事我比对学生又怕百倍。因为她们看是轻蔑的看，笑是讥讽

117

的笑，我只有红着脸低了头，咽着泪笑出来，不然将要骂你骄傲自大。后来慢慢练习成了，应世接物时，自己口袋里有不少的假面具，随时随地可以调换，结果，有时连自己都不认识自己是谁。

所以少年人热情努力的事，专心致志的工作，在老年人是笑为傻傻的！青年牺牲了生命去和一种相对的人宣战时，胜利了老年人默然！失败了老年人慨着说："小孩子，血气用事，傻极了。"无论怎样正直不阿的人，他经历和年月增多后，你让和一个小孩子比，他自然是不老实不纯真。冲突和隔膜在青年和老年人中间，成了永久的鸿沟。世界自然是聪明人多，非常人几乎都是精神病者和天分有点愚傻的。在现在又时髦又愚傻的自然是革命了，但革命这又是如何傻的事呵！不安分的读书，不安分的做事，偏偏牺牲了时间幸福生命富贵去作那种为了别人将来而抛掷自己眼前的傻事，况且也许会捕捉住坐监牢，白送死呢！因为聪明人多，愚傻人少，所以世界充塞满庸众，凡是一个建设毁灭特别事业的人，在未成功前，聪明人一定以为他是醉汉疯子呢！假使他是狂热燃烧着，把一切思索力都消失了的时候，他的力量是可以惊倒多少人的，也许就杀死人，自然也许被人杀。也许这是愚傻的代价吧！历史上值得令人同情敬慕的几乎都是这类人，而他们的足踪是庸众践踏不着的，这光荣是在血泊中坟墓上建筑着！

唉！我终于和老乞婆一样，我终于是安居在庸众中。我终于是践踏着聪明人的足踪。我笑的很得意，但哭的也哀痛！

二

世界上懦弱的人，我算一个。

大概是一种病症，没有检查过，据我自己不用科学来判定，也许是神经布的太周密了，心弦太纤细了的缘故。这是值的鄙视哂笑的，假如忠实的说出来。

小时候家里宰鸡，有一天被我看见了，鸡头倒下来把血流在碗里。

那只鸡是生前我见惯的，这次我眼泪汪汪哭了一天，哭的母亲心软了，由着我的意思埋了。这笑谈以后长大了，总是个话柄，人要逗我时，我害羞极了！其实这真值得人讪笑呢！

无论大小事只要触着我，常使我全身震撼！人生本是残杀搏斗之场，死了又生，生了再死，值不得兴什么感慨。假如和自己没有关系，电车轧死人，血肉模糊成了三断，其实也和杀只羊一样，战场上堆尸流血的人们，和些蝼蚁也无差别，值不得动念的。围起来看看热闹，战事停止了去凭吊沙场，都是闲散中的消遣，谁会真的挥泪心碎呢？除了有些傻气的人。

国务院门前打死四十余人，除了些青年学生外，大概老年人和聪明人都未动念，不说些"活该"的话已是表示无言的哀痛了。但是我流在和珍和不相识尸骸棺材前的泪真不少，写到这里自然又惹人笑了！傻的可怜吧？

蔡邕哭董卓，这本是自拍其殃！但是我的病症之不堪救药，似乎诸医已束手了。我悒郁的心境，惨愁的像一个晒干的桔子，我又为了悸惊的噩耗心碎了！

我愿世界是永远和爱，人和人，物和物都不要相残杀相践踏，众欺寡，强凌弱，但这些话说出来简直是无知识，有点常识的人是能了悟，人生之所进化和维持都是缘乎此。长江是血水，黄浦江是血水，战云迷漫的中国，人的生命不如蝼蚁，活如寄，死如归，本无什么可兴顾的。但是懦弱的我，终于瞻望云天，颤荡着我的心祷告！

我忽然想到世界上，自然也有不少傻和懦弱如我的人，假如果真也有些眼泪是这样流，伤感是这样深时，世界也许会有万分之一的平和之梦的曙光照临吧！

这些话是写给小孩子和少年人的，聪明的老人们自然不必看，因为浅薄的太可笑了。

25．偶然草

◉ 石评梅

算是懒，也可美其名曰忙。近来不仅连四年未曾间断的日记不写，便是最珍贵的天辛的遗照，置在案头已经灰尘迷漫，模糊的看不清楚是谁。朋友们的信堆在抽屉里有许多连看都不曾看，至于我的笔成了毛锥，墨盒变成干绵自然是不必说了，屋中零乱的杂琐的状态，更是和我的心情一样，不能收拾，也不能整理，连自己也莫明其妙为什么这样颓废。而我最奇怪的是心灵的失落，常觉遗弃了什么重要的东西一般，总是神思恍惚，少魂失魄。

不会哭！也不能笑！一切都无感。这样凄风冷月的秋景，这样艰难苦痛的生涯，我应该多愁善感，但是我并不曾为了这些介意。几个知己从远方写多少安慰我同情我的话，我只呆呆的读，读完也不觉什么悲哀，更说不到喜欢了。我很恐惧自己，这样的生活，毁灭了灵感的生活，不是一种太惨忍的酷刑吗？对于一切都漠然的人生，这岂是我所希望的人生。我常想做悲剧中的主人翁，但悲剧中的风云惨变，又哪能任我这样平淡冷寂的过去呢！

我想让自己身上燃着火，烧死我。我想自己手里握着剑，杀死人。无论怎样最好痛快一点去生，或者痛快点求死。这样平淡冷寂，漠然一切的生活，令我愤怒，令我颓废。

心情过分冷静的人，也许就是很热烈的人，然而我的力在哪里呢？终于在人群灰尘中遗失了。车轨中旋转多少百结不宁的心绪，来来去去，百年如一日的过去了。就这样把我的名字埋没在十字街头的尘土中吗？我常在奔波的途中这样问自己。

多少花蕾似的希望都揉碎了。落叶般的命运只好让秋风任意的漂泊吹散吧！繁华的梦远了，春还不曾来，暂时的殡埋也许就是将来的滋荣。

远方的朋友们！我在这长期沉默中，所能告诉你们的只有这几句话。我不能不为了你们的关怀而感动，我终于是不能漠然一切的人。如今我不希求于人给我什么，所以也不曾得到烦恼和爱怨。不过我蔑视人类的虚伪和扰攘，然而我又不幸日在虚伪扰攘中辗转因人，这就是使我痛恨于无穷的苦恼！

离别和聚合我到是不介意，心灵的交流是任天下什么东西都阻碍不了的，反之，虽日相晤对，咫尺何非天涯。远方的朋友愿我们的手在梦里互握着，虽然寂外古都，触景每多忆念，但你们这一点好意远道缄来时，也了解我万种愁怀呢！

26．灰烬

 石评梅

我愿建我的希望在灰烬之上，然而我的希望依然要变成灰烬：灰烬是时时刻刻的寓在建设里面，但建设也时时刻刻化作灰烬。

我常对着一堆灰烬微笑，是庆祝我建设的成功，然而我也对着灰烬痛哭，是抱恨我的建设的成功终不免仍是灰烬。

一星火焰起了，围着多少惊怕颤战的人们，唯恐自己的建设化成灰烬，火焰熄了，人们都垂头丧气离开灰烬或者在灰烬上又用血去建筑起伟大的工程来！在他们欣欣然色喜的时候，灰烬已走进来，偷偷的走进来了！

这本来是平常的一件事，然而众人都拿它当作神妙的谜。我为了这真不能不对聪明的人们怀疑了！

谁都忍心自己骗自己，谁都是看不见自己的脸，而能很清楚的看别人的脸，不觉自己的面目可憎，常常觉着别人的面目是可憎。上帝虽然曾告诉人们有一面镜子，然而人们都藏起来，久而久之忘了用处，常常拿来照别人。这是上帝的政策，羁系世界的绳索，谁都愿意骗自己，毫不觉的诚心诚意贡献一切给骗自己的神。

我们只看见装演美丽，幻变无常的舞台，然而我们都不愿去知道，复杂凌乱，真形毕露的后台；我们都看着喜怒聚合，乔装假扮的戏剧，然而我们都不过问下装闭幕后的是谁。不愿去知道，不愿去过问，明知道是怕把谜猜穿，可笑人们都愿蒙上这一层自己骗自己的薄纱，永远不要猜透，直到死神接引的时候。

锦绣似的花园，是荒冢，是灰烬！美丽的姑娘，是腐尸，是枯骨！然而人们都徘徊在锦绣似的花园，包围着美丽的姑娘。荒冢和枯骨都化成灰烬了，沉恋灰烬的是谁呢？我在深夜点着萤火灯找了许久了，然而莫有逢到一个人！

谁都认荒冢枯骨是死了的表象，然而我觉着是生的开始，因此我将我最后的希望建在灰烬之上。

在这深夜里，人们都睡了，我一个人走到街上去游逛，这是专预备给我的世界吧！一个人影都莫有，一点声音都莫有，这时候统治宇宙的是我，静悄悄家家的门儿都关闭着，人们都在梦乡里呓语，睁着眼看这宇宙的只有我！我是拒绝在门外和梦乡的人，纵然我现在投到母亲的怀里，母亲肯解怀留我，不过母亲也要惊奇的，她的女儿为什么和一切的环境反抗，众人蠢动的时候，她却睡着，众上睡梦的时候，她却在街上观察宇宙，观察一切已经沉寂的东西呢？

其实这有什么惊奇呵，一样度人生，谁也是消磨这有尽的岁月，由建设直到灰烬。我何尝敢和环境反抗，为什么我要和它们颠倒呢？为了我的希望建在灰烬之上，而他们的希望却是建在坚固伟大的工程里。

我终日和人们笑，但有时我在人们面前流下泪来！这不过只是我的一种行为，环境逼我出此的一种行为。我的心绝对不跑到人间，尤其不会揭露在人们的面前。我的心是闪烁在烨光萤火之上，荒墟废墓之间，在那里你去低唤着我的心时，她总会答应你！而且她会告诉你不知道的那个世界里的世界。萤火便在我手里，然而追了她光华来找我的却莫有人。我想杀人，然而人也想杀我；我想占住我的地盘，然而人也想占住我的地盘；我想推倒你，谁知你也正在要推倒我！翻开很厚的历史，展阅很广的地图，都是为了这些把戏。我站在睡了的地球上，看着地上的血迹和尸骸这样想。

一把火烧成了灰烬，灰烬上又建造起很伟大庄严美丽的工程来。火是烧不尽的，人也是杀不尽的，假如这就是物质不灭的时候。

人生便是互相仇杀残害，然而多半是为了扩大自己的爱，爱包括了一切，统治了一切，因之产生了活动的进行的战线，在每个人离开母怀的时候。这是经验告诉我的。烦恼用铁锤压着我，同时又有欲望的花香引诱我，设下一道深阔的河，然而却造下航渡的船筏，朋友们，谁能逃逸出这安排好的网儿？蠢材！低着头负上你肩荷的东西，走这万里途程吧，一点一点走着，当你息肩叹气时，隐隐的深林里有美妙的歌声唤你，背后却有失望惆怅骑着快马追你！

朝霞照着你！晚虹也照着你！然而你一天一天走进墓门了。不是墓门，是你希望的万里途程，这缘途有高官厚禄娇妻美妾，名誉金钱幸福爱人。那里是个深远的幽谷，这端是生，那端便是死！这边是摇篮，那边便是棺材。我看见许多人对我骄傲的笑，同时也看见许多人向我凄哀的哭。我分辨不出他们的脸来，然而我只知道他们是同我走着一条道的朋友。我曾命令他们说："俘虏！你跪在我裙下！"然而有时他们也用同样的命令说："进来吧！女人，这是你自己的家。"这样互相骗着，有时弄态作腔的，时哭时笑，其实都是这套把戏，得意的笑和失望的哭，本来是一个心的两面，距离并不遥远。

誓不两立的仇敌，戴上一个假面具时，马上可以握手言欢，作爱的朋友。爱的朋友，有时心里用箭用刀害你时，你却笑着忍受。看着别人杀头似乎是宰羊般有趣，当自己割破了指头流血时，心痛到全部的神经都颤战了！我不知道为了犯人才有监狱，还是有了监狱才有犯人，但是聪明的人们，都愿意自己造了圈套自己环绕，有宁死也愿意坐在监狱里，而不愿焚毁了监狱逃跑的。我的良心常常在打骂我，因为我在小朋友面前曾骄傲我的宝藏，她们将小袋检开给我看时，我却将我的大袋挂在高枝上。我欺骗了自己，我不管她，人生本来是自骗，然而几次欺骗了人，觉的隐隐有鬼神在嘲笑我！而且深夜里常觉有重锤压在我心上。其实这是我太聪明了，一样的有许多人正在那里骗我，一样有许多人也挂着大袋骄傲我？

我在睡了的地球上，徘徊着，黑暗的夜静悄悄包围了我。在这时候，我的思想落在纸上。鸡鸣了！人都醒了，我面前有一堆灰烬。

母亲！寄给你，我一夜燃成的灰烬！然而这灰烬上却建着我最后的希望！

27. 六月的赐惠者

◉ 柔 石

炎炎的太阳，高悬在世界的当空。红的光如火箭般射到地面，地面着火了，反射出油一般在沸煎的火焰来。蒸腾，窒塞，酷烈，奇闷，简直要使人们的细胞与纤维，由颤抖而炸裂了。

一位赐惠的孩子，给人们以清凉的礼物。他，光着头，赤着脚，半裸着身体，汗浴着他一身——流在他的额上，流在他的胸上，流在他的两股间。他却手里提着一只篮，和太阳订过条约一样，在每天的日中，来到街之头，巷之尾，急急地跑，口里急急地叫"卖呀冰呵！""卖呀冰呵！"声音在沸煎的空气中震动，听去似叫"卖冰花"。卖冰花的孩子，六月的赐惠者，带着他的脚影与声音，同赛马般飞逝。

十三四岁的孩子，载着黧黑的头，裹着黧黑的皮的人。两眼似冰所从采取的寒渊，永远闪着凛冽的寒气逼到人们身上，在此溽暑，也一同如他的冰花般卖给人们。他的胸膛紧胀着，他的呼吸迫促着，但他的声音叫着："卖呀冰呵！""卖呀冰呵！"声音如闷雷一般在人们耳边响着。但声音是尖锐而无力的，能叫醒几人的昼梦？

可怜的孩子，六月的送寒者！手里提竹篮，篮内放冰块，冰块却又融为水，滴滴地漏出篮外来，随着他奔跑的足影，沿街沿巷滴过去。冰水流落在干热的地面上，地面给它化为汽，阳光吸收去了，带到炎炎的太空；于是孩子的足迹没了，孩子的叫声也消逝了。

三夏的严威的反抗者，火锅上的蚂蚁，带着人类的理想，意义，跑着，叫着，卖他的清凉给人们——六十岁的老婆婆；十二岁的小妹

125

妹，都来买他的冰花。她们的身上穿着绸，她们的身上穿着纱，她们的皮肤是白的，因为她们藏她们的皮肤在北窗中的南风下。可是她们汗涔涔地来买他的冰块，两枚铜子，二枚铜子，铜子在卖冰者的手心上，他微笑地从盖着厚粗布的篮中取出冰，一块，两块；水晶般的冰，白玉般的冰，就送给老婆婆，小妹妹。终于他又急急地跑，又急急叫着："卖呀冰呵！""卖呀冰呵！"他也毫不介意老婆婆的肥胖的身，小妹妹美丽的脸；她们的影子，早已为热力从他脑中榨取去了，他的脑子枯干了。

　　他也卖冰块给他的兄弟们，坐在马路旁常绿树下纳凉的人，一块，两块。可是他们却常用他们的粗肢暴手，执住孩子的冰篮，要他加添。冰容易化为水，孩子不能多在路边站，孩子加给他们冰，一块，两块。于是他又急急地跑，急急地叫着："卖呀冰呵！""卖呀冰呵！"地上有他的冰水，地上也有他的汗珠，可是有时他被人们缠的久，地上更有他的泪珠了；冰水，汗珠，泪珠，随着他，落在街之头，落在巷之尾！

　　可是他却也有不能急忽地跑，不会急急地叫的时候。冰篮不知与冰丢到何处去了，从他软弱的手内溜落了。他的热的额变冷了，他的黑的唇变白了，他的寒潭似的眼儿无力放光了。他去，慢慢地沿着路边走，酒醉一般。或倒在巷口，人们聚拢来，也有树下纳凉的工人，也有北窗中高卧的老婆婆，但他手内没有冰，他们失望地退回去了。"孩子，你的冰呢？"也有小妹妹这样问的。可是孩子摇摇头，对她苦笑地，喉间格格似说他的生命也将与他的冰一同化为蒸汽升天了。

28. 我的童年

◉ 朱　湘

引　言

如今，自传这一种文学的体裁，好像是极其时髦。虽说我近来所看的新文学的书籍、杂志、附刊，是很少数的，不过，在这少数的印刷品之内，到处都是自传的文章以及广告。

这也是一时的风尚。并且，在新文学内，这些自传体的文章，无疑的，是要成为一种可珍的文献的。

从前，先秦时代的哲理文，汉朝的赋，唐朝的律诗、绝句，五代与宋朝的词，元朝的曲，明朝的小品文，清朝的训诂，这些岂不也都是一时的风尚么？

《论语》、《孟子》、《庄子》之内，那些关于孔丘、孟轲、庄周的生活方面的记载，只能说是传记体裁的。它们究竟有多少自传的性质，在如今，我们确是难以断言。

以著作我国的第一部正式历史的人，司马迁，来作成我国的第一篇正式的自传，《太史公自序》，这可以说是最自然不过的事情。当然，他的那篇《自序》，与我们心目中所有的关于自传这种文学体裁的标准，是相差很远的。

不过，由他那时候起，一直到清朝，我国的自传体文，似乎都是遵循了他的《自序》所采取的途径而进行的。

在新文学里面，来写自传体文，大概总存有两个目标，指引后学与抚今追昔。后学可以是自己的家人、学生，也可以是自己所研究的学问之内的后进，也可以是任何人。

我是一个作新诗的人。虽说也有些人喜欢我的诗，不过要说的是，我如今是预备来作一篇诗的自传，指引后学，那我是决不敢当的。至于我的一般的生活，那只是一个失败，一个笑话——就作诗的人的生活这一个立场看来，那当然还要算是极为平凡；就一般的立场看来，我之不能适应环境这一点，便可以被说是不足为训了。

要说是抚今追昔，那本来是老年人的一种特权，如今，按照我国的算法，我不过是一个三十岁开外的人。

不过，文学便只是一种高声的自语，何况是自传体的文章？作者像写日记那样来写，读者像看日记那样来看。就是自己的日记，隔了十年、二十年来看，都有一种趣味——更何况是旁人的日记呢？并且，文人就是老小孩子，孩子脾气的老头子，就他们说来，年龄简直是不存在的。

旧文学与新文学

记得我之皈依新文学，是十三年前的事。那时候，正是文学革命初起的时代，在各学校内，很剧烈的分成了两派，赞成的以及反对的。辩论是极其热烈，甚至于动口角。那许多次，许多次的辩论，可以说是意气用事，毫无立论的根据。有人劝我，最好是去读《新青年》，当时的文学革命的中军，是刘半农的那封《答王敬轩书》，把我完全赢到新文学这方面来了。现在回想起来，刘氏与王氏还不也是有些意气用事，不过刘氏说来，道理更为多些，笔端更为带有情感，所以，有许多的人，连我也在内，便被他说服了。将来有人要编新文学史，这封刘答王信的价值，我想，一定是很大。

大概，新文学与旧文学，在当初看来，虽然是势不两立；在现在看来，它们之间，却也未尝没有一贯的道理。新文学不过是我国文学的最后一个浪头罢了。只是因为它来得剧烈许多又加之我们是身临其境的人，于是，在我们看来，它便自然而然的成为一种与旧文学内任何潮流是迥不相同的文学潮流了。

它们之间的歧异，与其说是质地上的，倒不如说是对象上的。

作小说

这还是十一二岁时候的事情。

那时候，在高小，上课完了以后，除去从事于幼年时代的各种娱乐以外，便是乱看些书。在这些书里，最喜欢的便是侠义小说。记得和一个同班曾经有过一种合作一部《彭公案》式的侠义小说的计划。虽说彼此很兴奋的互相磋商了许多次，到底是因为计划太大了，没有写……在那个时候，我们两个都是不出十四岁的少年。

除了旧小说以外，孙毓修所节编的《童话》也看得上劲。一定就是在这些故事的影响之下，我写成了我的第一篇小说。如今隔了有十七年左右，那篇，不单是详细的内容，就是连题目，我都记不清楚了，仿佛是说的一只鹦鹉在一个人家里面的所见所闻。

后来，也曾经想作过《桃花源记》式的文章，可是屡次都没有写成。

在新文学运动的这十几年之内，小说虽是看得很多，也翻译了一些短篇，不过这方面的创作却是一篇也没有。

据我看来，作小说的人是必得个性活动的，而我的个性恰巧是执滞，一点也不活动。

一定就是为了这个缘故，我在编剧、演剧两方面也失败了。

在十二三岁的时候，和两个同班私下里演剧；准备，化装，排演，真是十分热闹——其实，那与其说是演剧，还不如说是游戏，在这一次的排演里面，我还记得，我是扮的一个女子。七年以后，学校里面正式的演剧，我由一个女子而改扮一个老太婆了！

扮演老太婆的那次，我是一个失败的。一上了剧台，身子好像是一根木棍，面部好像是一个面具，背熟了的剧词，在许多时刻，整段的不告而别。居然有一个先生，他说我的老太婆的台步走得还像，也不知道他是安慰我，还是确有其事，因为，我的行步的姿态向来是极不优美的，身材不高而脚步却跨得很远，走路之时，是匆忙得很——我仿佛是对于四肢并没有多少筋节的控制力那样。至于我的两条臂膀，在走路的时候，摔出去很远，那更是同学之间的一种谈笑资料。

有时候，我勉强还可以演说，不料演剧的时候，居然是一塌糊涂到那种田地。这或者与我所以有时候可以写些短篇小说性质的小品文而却作不了短篇小说，是根源于同一种性格上的缺陷。

周启明所译的《点滴》，里面有一些散文诗性质的短篇小说，那一种的短篇小说，我看，或许便是像我这样性格的作诗的人所唯一的能作得了的。

读　书

我是六岁启蒙的，家里请的老师，第一部书是读的《龙文鞭影》。只记得这是一部四字一句的韵文史事书籍——关于它，我现在已经不记得其他的内容了。

书房在花园里，花园的那边是客厅。书房前面的院子里，有一个亭子。

老师大概是一个举人。我还记得，他在夏天里，是穿着一件细竹管编成的汗褂。

背不出书来，打手心的事情，大概是有——不过现在我是已经忘记了。只记得，有一次，那是读完了《龙文鞭影》以后，读《诗经》的当口，我不知道是哪一页书，再也背不出来，老师罚我，非得要背出来，才放我下学。只剩下我一个人，在书房里面，听见自己的声音，更加伤心，淌眼泪。大概是到底也没有背得出来，有家里大人讨保放我下学了。

　　十几年以后，我每逢想起《诗经》这一部书的时候，总是在心头逗引起了一种凄凉的情调，想必便是为了这个缘故。

　　八九岁，读完了《四书》，以及《左传》的一小部分。就是在这个时候，学着作文了。

　　这是在离家有几里远的一个书馆里的事情。有一次，只剩下我一个人在馆里，心里忽然涌起了寂寞、孤单的恐惧，忙着独自沿了路途，向家里走去……这里是土地庙与庙前的一棵大树与树下的茶摊，这里是路旁的一条小河，这里是我家里田亩旁的山坡，终于，在家里前院的场地上，看见了有庄丁在那里打谷，这时候，我的心便放下了，舒畅了。

　　我的蒙馆生活是在十岁左右终止的。

　　我在学校生活的期间，在小学，在大学期间，都曾经停过学。在一个工业学校的预科里面读过一年书，在青年会里读过英文。

　　说起来很有趣味：我后来又有机会看到我在工业学校里所作的一篇《言志》课卷，那里面说，将来学业完成了，除去从事于职业以外，闲暇的时候，要作一点诗，读一些诗文——这诗，不用说，是旧诗的意思；这诗文，不用说，也是旧诗文的意思。

　　在工业学校里，教国文的先生是豪放一派的，他喜欢喝酒，有一个酒糟鼻子，魏禧的《大铁椎传》是他所特别赞颂的一篇文章。

　　后来，我又有过一个国文先生，有"老虎"之称，不过他谨饬些。便是在他的课堂上，在自由交卷的时候，我学着作新诗。虽说他是一个旧学者，眼光倒还算是开明的，对于我的新诗课卷，并不拒绝。

　　听说他，像教我《四书》，《左传》的那个书馆先生那样，结局很是潦倒。

　　我读书，是决不能按部就班的。课本，无论先生是多么好，我对于它们总不能感觉到一种特殊的兴趣，便是那种我自己读我自己所选读的书籍，那时候所感觉到的兴趣。

大概，书的种类虽然是数不尽的多，不过，简单的说来，它们却只有两个。它们便是，不得不读的，以及自己爱读的书籍。由报纸一直到学校内的课本，就是不得不读的书籍。至于自己爱读的书籍，那就要看"自己"是谁了。譬如，我是一个作文、教书的人，我自己所爱读的书，要是与一个工程师所爱读的来对照，恐怕是会大不相同的。不过，普天下的大我，它却是有一种书籍决无不爱读之理的，那一种便是小说。

我也是一个人，当然逃不出这定例。十二岁到十四岁，爱读侠义小说。十五岁左右，爱读侦探小说。二十岁左右，爱读爱情小说。

侠义小说的嗜好一直延续到十几年以后，英国的司各德，苏格兰的史蒂文生，波兰的显克微支，他们的侠义小说，我为了慕名、机缘等的缘故，曾经看了不少，实在是爱不忍释。

司各德的书，据我所看过的说来，它们足以使我越看越爱的地方，便是一种古远的氛围，以及一种家庭之乐。家庭之乐这个词语，用来形容这些小说之内的那一种情调，骤看来或许要嫌不妥当，不过，仔细一想，我却觉得它要算是我所能找到的唯一的妥当的摹状之词了。这一种家庭之乐的情调，并不须在大团圆的时候，我简直可以独断的说，是由开卷的第一字起，便已经洋溢于纸上了。或许，作者所以能永远留念于世人的心上的缘故，便在于他能够把这种乐居的情调与那种古远的氛围有机的融合吧！史蒂文生的各部小说之内，我最爱读的一部是《The Master of Ballantrae》。这篇长篇小说，与作者的一篇中篇小说，《Dr. JekyllandMr. Hyde》以及一篇短篇小说《马克汉》，在精神上，似乎有孪生的关系。这三篇文章，我臆断的看来，或许便是作者对于他在一生之内所最感到兴趣的那个问题的一个叙述与分析。

显克微支的人物创造，Zagloba，与莎士比亚的 Falstaff 同属于一个人物类型，而并不雷同。

上举的各种侠义小说，有些可以叫作历史小说、心理小说，以及其他的名字。各书之内，除去侠义之部分以外，还有言情，社会描写等等成份。这实在是一切小说的常例。因为小说，与生活相似，是复杂的。小说之能引起共同的爱好，其故亦即在此。

侦探小说，我除去柯南道尔的各部著作以外，看的不多。至于他的各部侦探小说，中译本我是差不多全看完了，在十五岁的时候，原文本我也看过一些，在二十五岁的时候。年龄的增加并不曾减退过我对于它们的爱好。

至于言情小说，我只说一部本国的《红楼梦》。这部小说，坦白的说来，影响于人民思想，不差似《四书》、《五经》。胡适之关于本书的考证，只就我个人来说，并不曾减少了我对于本书的嗜好，潜意识的，我个人还有点嫌他是多事。这是十年前，我在看亚东图书馆本的《红楼梦》那时候所发生的感想。至于这十年以来，整年的忙着授课，教书，谋生，并不曾再看过这部小说。我看我将来也不会教到"中国小说"这种课程，所以，我只有把十年前的那点感想坦白的说出来；至于本书的评价，那自然有在这一方面专门研究的人可以发言。

杜甫的诗我是爱读的。不过，正式的说来，他的诗我只读过两次，并且，每次，我都不曾读完。第一次是由《唐诗别裁集》里读的一个选辑，第二次是读了，熟诵了全集的很少一部分，第三次是上"杜诗"课，第四次是看了全集的一大半。十五岁以后，喜欢杜诗的音调；二十岁左右，揣摹杜诗的描写；三十岁的时候，深刻的受感于杜诗的情调。我买书虽是买的不多，十年以来，合计也在一千元以上，比上虽是差的不可以道里计，比下却总是有余。说起来可以令人惊讶，便是，杜诗我只买过石印一部，要是照了如今我对于杜诗的爱好说来，一买书，我必定会先把习见的各种杜诗版本一起买到。

　　只要是诗，无论是直行的还是横行的，只要是直抒情臆的诗，无论作得好与不好，我都爱。爱诗并不一定要整天的读诗。从前，在十八岁到二十岁的时候，曾经有过几个时期，我发过呆气，要除去诗歌以外，不读其他的书籍。现在回想起来，倒觉得有趣——不过，或许，我现在之所以能写成一点诗，我的诗歌培养便是完成于那几个时期之内。我是一个爱读诗，爱作诗的人，而在我所购置的已经是少量的一些书籍之内，诗集居然是更少，这个，说给那些还喜欢我的新诗而并不与我熟识的读者听来，他们一定是会诧异的。

　　我曾经作过一首题名荷马的十四行，算是自己所喜欢的一些自作之一……其实，这个希腊诗人的两部巨著，我只是潦草的看过，并不曾仔细的研究一番。在我写那首诗的时候，并不曾有原文的节奏、音调澎湃在我耳旁，我的心目之前只有《Elson Grammer School Reader》里面的这两篇史诗的节略。这个，说出来了，一定会教读者失笑的，如果他是一个一般的读者；或是教他看不起，如果他是一个学者。

　　我是一个极好读选本的人。选本我可读了又读，一点也不疲倦；至于全集，我虽说在各方面也都看过一些，不过，大半，我只是匆促的看过一遍，就不看第二遍了。杜甫与莎士比亚是例外。这两个诗人，读上了味道，真是百读不厌。从前，现在的无穷数的读者所说的话，我到现在已经恳切的感觉到，并非人云亦云的一种慕名语，我并且自己的欣幸，我现在已经达到了一个可以真诚的，深切的欣赏他们的诗歌的时期。他们的确是情性之正声。

　　说到不得不读的书籍，我是一个度过了二十年学校生活的人，当然，它们是课本了。在学生时期之内，我对于课本，无论是必修科还是选修科，是很不喜欢读的。现在回想起来，教育与生活一样，也是一种人为的磨练……我当初既是不能适应学校的环境，自然而然的，到了现在，我也便不能适应社会的环境了。

　　我真是一个畸零的人，既不曾作成一个书呆子，又不能作为一个懂世故的人。

29．卖艺童子

◉ 戴望舒

　　他也是个人吗？为甚他不受世人的同等待遇呢？唉，他不过家里少了几个钱罢。他父亲原是个好好的商人，后来因为投机事业大大失败，所以，就在他五岁那年宣告破产，在他六岁那年，他父亲便将他卖给了马戏班子里。从此以后他就堕落在这悲惨的世界里，永无翻身之日了。

　　说起来委实可怜咧。他们的老板是个残忍的人，生性暴躁，动不动就要发火，要打人。可怜他今年不过十一岁咧。他老板又要鞭他，他同伙又要欺他，终日里挨打挨骂。到晚上还须到游艺场里去耍把戏，忍着饥，耐着苦。不要说是偶然失了手闯下了祸，定然打个半死，饿他半天，就是有所痛苦也只好藏在心头，不敢现在颜面上。要是脸上稍有点不快活的样子，就派他是有意得罪看客，回来，少不得又是一顿皮鞭子。我时常见他是张着小口嘻嘻地笑着，可是我却深晓得他那浅浅的笑涡里，却含蕴着万种的痛苦悲怨呢。

　　我真不懂这提倡人道主义的世界，博爱还及到禽兽身上，鸡鸭倒提着就要受罚，可是他呢，他在演技的时候，倒立在地上还不算，还要他唱一支小曲，喝三杯冷水，吃一只香蕉。那时全身儿倒立着已经够受用了，何况再迫他唱小曲、灌食物下去呢！那自然有一种剧烈的痛苦，而且于他身体发育上当然又是个极大的阻碍。他现在已十一岁了，可是那小小的身子看过去总不过像七八岁，这就是个大大的明证。最可怪的就是这些看客，越是看到这惨无人道的把戏越是拼命地喝彩，好似幸人之灾，乐人之祸一般。原来呢，他们花了钱来寻快活的。不过总该存点恻隐之心啊！唉，他也是个人吗？为什么倒不如畜生呢？

　　我记得那天是冬季极冷的一天，呼呼的北风刮得厉害。他只着了一件夹袄，因为他班主不准他穿多，说穿得多了和耍把戏有妨碍的。到晚上又到游艺场里去演技了，他索索地抖着，那刀一般的风直刮得他的皮肤都裂开了。他浑身已麻木，几乎不能动弹了。他身上所受的痛苦，他心中所受的痛苦，已达到极点了。他又不敢反抗他老板的命令畏缩不前，他依旧打起精神丝毫不敢懈。他这夜演的是"爱神之舞"，他就在那玲玲琮琮的妙乐里现身在演技圈中，背上背着一双洁白的翼翅扮作爱神的模样，苹果般的面庞娇红得怪可人怜。他举首望望那场中五丈多高的木架子就有些胆寒了。这时，他老板又发下命令喊他上去。他心中恐惧极了。可是，他总不敢反抗，只得张开了一双冻得通红的小手，攀住了那根从木架子上垂下来的绳子。他老板便将绳子的那一端垂下来，他就平空的吊了上去，达到最高的地点。他老板又发下暗示，他松了一只手攀住了前面的木杠，想腾身过去，可怜他这时一双小手被风刮得出血了，他的神经已失了知觉了，只觉得眼前忽地一黑，他支持不住了，一松手一个倒栽葱向下落下去……唉！我也不忍说下去了。

　　我仿佛还记得当时的看客同声喝了个倒彩。

　　（载《半月》第二卷第七期，一九二二年十二月）

30. 家

● 缪崇群

低低的门，高高的白墙，当我走进天井，我又看见对面房子的许多小方格窗眼了。

抬阶登到楼上，四围是忧郁而晦黯的，那书架，那字画，那案上的文具，那檐头的竹帘……没有一样不是古香古色，虽然同我初遇，但仿佛已经都是旧识了。

我默默地坐下，我暗自地赞叹了：

啊！这静穆和平的家，他是爱的巢穴，心的归宿；他是倦者的故林，渴者的源泉……

我轻轻地笑了，在我的心底；我舒适地睡了，睡在我灵之摇篮里，一切都好像得其所以了！

但是只有一瞬，只有一息，我蓦地便又醒来了。这家，原不是我自己的。坐在对面的友人，他不是正在低首微笑么？他是骄傲的微笑呢？还是怜悯的微笑呢？

啊，在这个世界上，我是一个永远漂泊的过客，我没有爱的巢穴，我也无所归宿，故林早已荒芜，源泉也都成了一片沙漠……

倘如，我已经把这些告诉了他，那么他的微笑，将如何地给我一种难堪啊！

我庆欣，我泰然了。我由自欺欺人的勾当，评定了友人的微笑了。这勾当良心或者不至于过责的，因为他是太渺小而可怜了！

低低的门，高高的白墙，小小的窗格……这和平静穆的家，以前，我似乎有过一个的，以后，也许能有一个罢！

我仿佛又走进一个冥冥的国度去了，虽然身子还依旧坐在友人的对面，他的"家"里。

一九三〇年十月。

（选自《寄健康人》）

31．做客

● 缪崇群

这里说做客，并不是一个人单身在外边的意思。做客就是到人家去应酬——结婚，开丧，或是讲交情，都有得吃，而且吃得很多很丰美。虽说做客，可不需要什么客气，一客气反教主人家不高兴，回头怪客人不给他面子。有好多次我都不认识主人是谁便吃了他很多东西，我感谢这种盛意，但心理总不免为主人惋惜：请了这么些个客人来，一张一张陌生人的面孔，究竟有什么可取的地方呢？我想，在这里做客，还莫若叫做"吃客"才妥当些。

请客的事，恐怕没有一个地方再比这里奢侈浪费的了。一个小小人家，办一次婚丧，便要摆几十桌酒席，一天两道，两天，三天这样排场下去。那些做父母的，有的要卖掉他们的田地和祖产，那些做儿女的，有的便要负担这一份很重的债务，直等很多年后都偿还不清。可是吃客们早已风流云散了，像我便是其中的一个。

虚荣和旧礼教往往是一种带糖衣的苦丸，这个小城似乎还没有停

138

止地在吞咽着它。

因为做客做惯了，我可以写下一篇做客的历程。有一次我把这个题目出给学生们去做，有一篇写道："我小的时候便喜欢做客，但大人带我去的时候很少，总计不过二百多次罢了……"这个学生是当地人，现在才不过十六七岁，做了二百多次客还觉得少，在我则不能不瞠乎其后矣。

就喜事的客说，每次的请帖约在十天半月之前便可送到。上面注明男宾和女宾被招待的不同的日期。普通的礼物是合送一副对联，很多的只用单张的红纸，不必裱卷；隆重一点的合送一幅可以做女人衣服的绸幛；再隆重的当天不妨加封两元贺仪。

客人进了门，照例是被人招待到一个礼堂里去坐下，随手递来一根纸烟，一杯茶和一把瓜子。这间房里铺了满地的松针，脚踏在上面也不亚于软绵绵的毛毯。等候一些时候客人到齐了，于是就一拥而占席吃饭。午饭有八样菜，几乎每家每次一律，如青豆米，豆腐皮，酸菜末，粉蒸肉……和一碗猪血豆腐汤，汤上漂着一些辣椒粉和炒芝麻粒子。晚饭的菜是考究的，多了四小碟酒菜，如炸花生，海菜，咸鸭蛋和糟鲦鱼。热菜中另加八宝饭，炒鱿鱼和山药片夹火腿等。快收席的时候，每人还分一包小茶食，可以带回去当零嘴吃。

做客的程序，似乎到了放下晚席的碗筷为一段落。这时吃饱了喝足了的人，连忙抹抹嘴便一哄而散，走到门口可以看见一个躬着身子做送客姿势的人，那大约就是主人家了。另外有人抓着一大把"烛筷"分给客人照亮，从那红红的光亮里，可以照见那些客人们的嘴上还衔着一枝纸烟，那是散席时每人应该分到的。

吃是吃饱了，喝是喝足了，还带着一些衔着一些东西回去，这一天觉得很快的便过去了，真是很满足的一天！于是，有些同事在乎淡的日子里便希望常常做客的机会来好好"充实充实"自己。有的同事甚至于向人探问，"怎么近来学生结婚的不多?"所以一看见有红帖子散来，便禁不住地扯开了笑脸，有的直喊：

"过两天又有'宣威'吃了!"

"宣威"成了一个典故，因为宣威那个地方出罐头火腿，很名贵很香嫩的火腿，但凡一有宣威火腿吃，便是有做客的意思。

一个学期终了，讲义堆下竟积了一叠子请帖，我在石屏做客的次数也不算少了。可是回想起来，我几乎不记得任何一家主人的面孔——当时就不认识，因为在这里做客，无须对主人贺喜，也无须对主人道谢，一切的应酬仪式，简单的几乎完全不要，因此，就习惯上讲，我每逢做一次客，我就轻蔑一次自己的薄情，以致我也怜悯那些做主人的，为什么要这样奢侈，虚伪而浪费!

那些个青年的男的和女的，一个一个被牵被拉地结合了，不管他们的意愿，也不问他们能否生活独立。穿的花花绿绿，男的戴着美国毡帽，女的蒙着舶来的披纱，做着傀儡，做着残余制度下的牺牲品，也许就从此被葬送了。（我不相信一个十六七岁的男或女，把结婚的排演当作是他一生中的幸福喜剧!）记得有一次我看见一家礼堂里挂满了喜联当中——其实都是只写上下款而留着中间空白的红纸条，在那一列一列致贺者的姓氏当中，我发现了几个"奠"字，原来姓"郑"的那一半傍傍，却被上面的一条掩住了。还有一家挂的横幅喜幛上只有"燕喜飞"三个字，原来中间落掉一个"双"字。当时我还不免暗笑，不过事后想想，反觉得沉闷无话好说了。

还有一次，我做了一回财主人家的宾客，不为婚丧，却只是为了"人情"。

在中世纪似的极幽静的村寨里，我随着一行人走进了他的×村，想不到穿过一重一重的门第，还要走着无限曲折的游廊，踏过铺着瓷砖的甬道和台阶，满目华丽，竟是一所绝妙的宅邸。

听说这个主人手下用着无数的砂丁，砂丁们每年代他换进了无数的银子。这些建设也都是砂丁们给他垒起的！

我享受了这个主人的盛宴，我是在间接地吸取了砂丁们的许多血汗。这一次的做客恐怕是一件最可耻辱的！

常常做为一个冷眼的客人的我，我真的满足了吗？所谓饱经世故的"饱"字，已足使我呕心的了！

（选自《石屏随笔》）

32. 童年的悲哀

● 鲁 彦

这是如何的可怕，时光过得这样的迅速！

它像清晨的流星，它像夏夜的闪电，刹那间便溜了过去，而且，不知不觉地带着我那一生中最可爱的一叶走了。

像太阳已经下了山，夜渐渐展开了它的黑色的幕似的，我感觉到无穷的恐怖；像狂风卷着乱云，暴雨掀着波涛似的，我感觉到无边的惊骇；像周围哀啼着凄凉的鬼魉，影闪着死僵的人骸似的，我心中充满了不堪形容的悲哀和绝望。

谁说青年是一生中最宝贵的时代，是黄金的时代呢？我没有看见，我没有感觉到。我只看见黑暗与沉寂，我只感觉到苦恼与悲哀。是谁在这样说着，是谁在这样羡慕着，我愿意把这时代交给他。

呵，我愿意回到我的可爱的童年时代，回到那梦幻的浮云的时代！

神呵，给我伟大的力，不能让我回到那时代去，至少也让我的回忆拍着翅膀飞到那最凄凉的一隅去，暂时让悲哀的梦来充实我吧！我愿意这样，因为即使是童年的悲哀也比青年的欢乐来得梦幻，来得甜蜜呵！

那是在哪一年，我不大记得了。好像是在我十一二岁的时候。

时间是在正月的初上。正是故乡锣声遍地，龙灯和马灯来往不绝的几天。

这是一年中最欢乐的几天。过了长久的生活的劳碌，乡下人都一致的暂时搁下了重担，用娱乐来洗涤他们的疲乏了。街上的店铺全都关了门。词庙和桥上这里那里的一堆堆地簇拥着打牌九的人群。平日最节俭的人在这几天里都握着满把的瓜子，不息地剥啄着。最正经最严肃的人现在都背着旗子或是敲着铜锣随着龙灯马灯出发了。他们谈笑着，歌唱着，没有一个人的脸上会出现忧愁的影子。孩子们像从笼里放出来的一般，到处跳跃着，放着鞭炮，或是在地上围坐一团，用尖石划了格子打着钱，占据了街上的角隅。

母亲对我拘束得很严。她认为打钱一类的游戏是不长进的孩子们的表征，她平日总是不许我和其他的孩子们一同玩耍，她把她的钱柜子镇得很紧密。倘若我偶然在抽屉的角落里找到了几个铜钱，偷偷地出去和别的孩子们打钱，她便会很快的找到我，赶回家去大骂一顿，有时挨了一场打，还得挨一餐饿。

但一到正月初上，母亲给予我自由了。我不必再在抽屉角落里寻找剩余的铜钱，我自己的枕头下已有了母亲给我的丰富的压岁钱。除了当着大路以外，就在母亲的面前也可以和别的孩子们打钱了。

打钱的游戏是最方便最有趣不过的。只要两个孩子碰在一起，问一声"来不来"？回答说"怕你吗"？同找一块不太光滑也不太凹凸的石板，就地找一块小的尖石，划出一个四方的格子，再在方格里对着角划上两根斜线，就开始了。随后自有别的孩子们来陆续加入，摆下钱来，许多人簇拥在一堆。

我虽然不常有机会打钱，没有练习得十分凶狠的铲法，但我却能很稳当的使用刨法，那就是不像铲似的把自己手中的钱往前面跌下去，却是往后落下去。用这种方法，无论能不能把别人的钱刨到格子或线外去，而自己的钱却能常常落在方格里，不会像铲似的，自己的钱总是一直冲到方格外面去，易于发生危险。

常和我打钱的多是一些年纪不相上下的孩子，而且都知道把自己的钱拿得最平稳。年纪小的不凑到我们这一伙来，年纪过大或拿钱拿得不平稳的也常被我们所拒绝。

在正月初上的几天里，我们总是到处打钱，祠堂里，街上，桥上，屋檐下，划满了方格。我的心像野马似的，欢喜得忘记了家，忘记了吃饭。

但有一天，正当我们闹得兴高采烈的时候，来了一个捣乱的孩子。

他比我们这一伙人都长得大些，他大约已经有了十四五岁，他的名字叫做生福。他没有母亲也没有父亲。他平时帮着人家划船，赚了钱一个人花费，不是挤到牌九摊里去，就和他的一伙打铜板。他不大喜欢和人家打铜钱，他觉得输赢太小，没有多大的趣味。他的打法是很凶的，老是把自己的铜板紧紧地斜扣在手指中，狂风暴雨似的錾了下去。因此在方格中很平稳地躺着的钱，在别人打不出去的，常被他錾了出去。同时，他的手又来得很快，每当将錾之前，先伸出食指去摸一摸被打的钱，在人家不知不觉中把平稳地躺着的钱移动得有了蹊跷。这种打法，无论谁见了都要害怕。

33. 孩子的讲演

● 萧　红

　　这一个欢迎会，出席的有五六百人，站着的，坐着的，还有挤在窗台上的。这些人多半穿着灰色的制服。因为除了教授之外，其余的都是这学校的学生。而被欢迎的则是另外一批人。这小讲演者就是被欢迎之中的一个。

　　第一个上来了一个花胡子的，两只手扶着台子的边沿，好像山羊一样，他垂着头讲话。讲了一段话，而后把头抬了一会，若计算起来大概有半分钟。在这半分钟之内，他的头特别向前伸出，会叫人立刻想起在图画上曾看过的长颈鹿。等他的声音再一开始，连他的颈子，连他额角上的皱纹都一齐摇震了一下，就像有人在他的背后用针刺了他的样子。再说他的花胡子，虽然站在这大厅的最后的一排，也能够看到是已经花的了。因为他的下巴过于喜欢运动，那胡子就和什么活的东西挂在他的下巴上似的，但他的胡子可并不长。

　　"他……那人说的是什么？为什么这些人都笑！"

　　在掌声中人们就笑得哄哄的，也用脚擦着地板。因为这大厅四面都开着窗子，外边的风声和几百人的哄声，把别的一切会发响的都止息了；咳嗽声，剥着落花生的声音，还有别的从群众发出来的特有的声音，也都听不见了。

　　当然那孩子问的也没有人听见。

　　"告诉我！笑什么……笑什么……"他拉住了他旁边的那女同志，他摇着她的胳臂。

"可笑呵……笑他滑稽，笑他那样子。"那女同志一边用手按住嘴，一边告诉那孩子，"你看吧……在那边，在那个桌子角上还没有坐下来呢……他讲演的时候，他说日本人呵哈你们说，你们说……中国人呵哈，你们说……高丽人呵哈……你们说，你们说……你们说，你们说，他说了一大串呀……"

那孩子起来看看，他是这大厅中最小的一个，大概也没看见什么，就把手里剥好的花生米放在嘴里，一边嚼着一边拍着那又黑又厚的小肥手掌。等他团体里的人叫着："王根！小王根……"他才缩一缩脖颈，把眼睛往四边溜一下，接着又去吃落花生，吃别的在风沙地带所产的干干的果子，吃一些混着沙土的点心和芝麻糖。

王根他记得从出生以来，还没有这样大量地吃过。虽然他从加入了战地服务团，在别处的晚会或欢迎会上也吃过糖果，但没有这样多并且也没有这许多人，所以他回想着刚才他排着队来赴这个欢迎会路上的情景。他越想越有意思。比方那高高的城门楼子，走在城门楼子里说话那种空洞的声音，一出城门楼子，就看到那么一个圆圆的月亮而且可以随时听到满街的歌声。这些歌子他也都会唱。并且他还骄傲着，他觉得他所会的歌比他所听到的还多着哩！他还会唱小曲子，还会打莲花落……这些都是来到战地服务团里学的。

"……别看我年纪小，抗日的道理可知道得并不少……唗登唗……唗登唗……"他在冒着尘土的队尾上，偷着用脚尖转了个圈，他一边走路一边作着唱莲花落时的姿势。

现在他又吃着许多东西，又看着许多人。他的柔和的眼光，好像幼稚的兔子在它幸福饱满的时候所发出的眼光一样。

讲演者一个接着一个，女讲演者，老讲演者，多数的是年轻的讲演者。

由于开着窗子和门的关系，所有的讲演者的声音，都不十分响亮，平凡的，拖长的……因为那些所讲的悲惨的事情都没有变样，一个说日本帝国主义，另一个也说日本帝国主义。那些过于庄严的脸孔，在一个欢迎会是不大相宜。只有蜡烛的火苗抖擞得使人起了一点宗教感。觉得客人和主人都是虔诚的。

被欢迎的宾客是一个战地服务团。当那团里的几个代表讲演完毕，一阵暴风雨似的掌声。不知道是谁提议叫孩子王根也走上讲台。

王根发烧了，立刻停止了所吃的东西，血管里的血液开始不平凡地流动起来。好像全身就连耳朵都侵进了虫子，热，昏花。他对自己的讲演，平常很有把握，在别的地方也说过几次话，虽然不能够证明自己的声音太小，但是并不恐惧。就像在台上唱莲花落时一样没有恐惧。这次他也并不是恐惧，因为这地方人多，又都是会讲演的，他想他特别要说得好一点。

他没有走上讲台去，人们就使他站上他的木凳。

于是王根站上了自己的木凳。

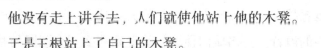

人们一看到他就喜欢他。他的小脸一边圆圆的红着一块，穿着短小的，好像小兵似的衣服，戴着灰色的小军帽。他一站上木凳来，第一件事是把手放在帽沿前行着军人的敬礼。而后为了稳定一下自己，他还稍稍地站了一会，还向四边看看。他刚开口，人们禁止不住对他贯注的热情就笑了起来。这种热情并不怎样尊敬他，多半把他看成一个小玩物，一种蔑视的爱起浮在这整个的大厅。

"你也会讲演吗？你这孩子……你这小东西……"人们都用这种眼光看着他，并且张着嘴，好像要吃了他。他全身都热起来了。

王根刚一开始，就听到周围哄哄的笑声，他把自己检点了一下：

"是不是说错啦？"因为他一直还没有开口。

他证明自己没有说错，于是，接着说下去，他说他家在赵城……

"我离开家的时候，我家还剩三个人，父亲、母亲和妹妹，现在赵城被敌人占了，家里还有几个，我就不知道了。我跑到服务团来，父亲还到服务团来找我回家。他说母亲让我回去，母亲想我。我不回去，我说日本鬼子来把我杀了，还想不想？我就在服务团里当了勤务。我太小，打日本鬼子不分男女老幼。我当勤务，在宣传的时候，我也上台唱莲花落……"

又当勤务，又唱莲花落，不但没有人笑，不知为什么反而平静下去，大厅中人们的呼吸和游丝似的轻微。蜡烛在每张桌上抖擞着，人们之中有的咬着嘴唇；有的咬着指甲；有的把眼睛掠过人头而投视着窗外。站在后边的那一堆灰色的人，就像木刻图上所刻的一样，笨重，粗糙，又是完全一类型。他们的眼光都像反映在海面上的天空那么深沉，那么无底。窗外则站着更冷静的月亮。

那稀薄的白色的光，扫遍着全院子房顶，就是说扫遍了这全个学校的校舍。它停在古旧的屋瓦上，停在四周的围墙上。在风里边卷着的沙土和寒带的雪粒似的，不住地扫着墙根，扫着纸窗，有时更弥补了阶前房后不平的坑坑洼洼。

1938 年的春天，月亮行走在山西的某一座城上，它和每年的春天一样。但是今夜它在一个孩子的面前做了一个伟大的听众。

那稀薄的白光就站在门外 5 尺远的地方，从房檐倒下来的影子，切了整整齐齐的一排花纹横在大厅的后边。

大厅里像排着什么宗教的仪式。

小讲演者虽然站在凳子上，并不比人高出多少。

"父亲让我回家，我不回家，让我回家，我……我不回家……我就在服务团里当了勤务，我就当了服务团里的勤务。"

他听到四边有猛烈的鼓掌的声音，向他潮水似的涌来，他就心慌起来。他想他的讲演还没有完，人们为什么鼓掌？或者是说错了！又想，没有错，还不是有一大段吗？还不是有日本帝国主义没有加上吗？他特别用力镇定自己，把手插进口袋去，他的肚子好像胀了起来，向左边和右边摇了几下，小嘴好像含着糖球胀得圆圆的。

"我当了勤务……当了服务团里的勤务……我……我……"

人们接着掌声，就来了笑声，笑声又接起着掌声。王根说不下去了。他想一定是自己出了笑话。他要哭。他想马上发现出自己的弱点以便即刻纠正。但是不成，他只能在讲完之后，才能检点出来，或者是衣服的不齐整，或者是自己的呆样子。他不能理解这笑是人们对他多大的爱悦。

"讲下去呀！王根……"

他本团的同志喊着他。

"日本帝国主义……日本鬼子。"他就像喝过酒的孩子，从木凳上跌落下来的一样。

他的眼泪已经浸上了睫毛，他什么也看不见，他不知道他是站在什么地方，他不知道他自己是在做什么。他觉得就像玩着的时候，从高处跌落下来一样的瘫软，他觉得自己的手肥大到可怕而不能动的程度。当他用手背揩抹着滚热的眼泪的时候。

人们的笑声更不可制止。看见他哭了。

王根想：这讲演是失败了，完了，光荣在他完全变成了懊悔，而且是自己破坏了自己的光荣。他没有勇气再作第三次的修正，他要从木凳坐下来。他刚一开始弯曲他的膝盖，就听到人们向他呼喊：

"讲得好，别哭啊……再讲再讲……没有完，没有完……"

其余的别的安慰他的话，他就听不见了。他觉得这都是嘲笑。于是更感到自己的耻辱，更感到不可逃避，他几乎哭出声来，他便跌到不知道是什么人的怀里大哭起来。

这天晚上的欢迎会，一直继续到半夜。

王根再也不吃摆在他面前的糖果了。他把头压在桌边上，就像小牛把头撞在栏栅上那么粗蛮，他手里握着一个红色的上面带着黄点的山楂。那山楂就像用热水洗过的一样。当他用右手抹着眼泪的时候，那小果子就在左手的手心里冒着气，当他用左手抹着眼泪的时候，那山楂就在他右手的手心里冒着气。

为什么人家笑呢？他自己还不大知道，大概是自己什么地方说错了，可是又想不起来。好比家住在赵城，这没有错。来到服务团，也没有错。当了勤务也没有错，打倒日本帝国主义也没说错……这他自己也不敢确信了。因为那时候在笑声中，把自己实在闹昏了。

退出大厅时，王根照着来时的样子排在队尾上，这回在路上他没有唱莲花落，他也没有听到四处的歌声。但也实在是静了。只有脚下踢起来的尘土还是冒着烟儿的。

这欢迎会开过了，就被人们忘记了，若不去想，就像没有这么回事存在过。

可是在王根，一个礼拜之内，他常常从夜梦里边坐起来。但永远梦到他讲演，并且每次讲到他当勤务的地方，就讲不下去了。于是他怕，他想逃走，可是总逃走不了，于是他叫喊着醒来了。和他同屋睡觉的另外两个比他年纪大一点的小勤务的鼾声，证明了他自己也和别人一样地在睡觉，而不是在讲演。

但是那害怕的情绪，使他在小床上缩做了一个团子，就仿佛在家里的时候，为着夜梦所恐惧缩在母亲身边一样。

"妈妈……"这是他往日在自己做孩子时候的呼喊。

现在王根一点声音也没有就又睡了。虽然他才九岁，因为他做了服务团的勤务，他就把自己也变作大人。

34. 搬家

◉ 萧　红

搬家！什么叫搬家？移了一个窝就是啦！

一辆马车，载了两个人，一个条箱，行李也在条箱里。车行在街口了，街车，行人道上的行人，店铺大玻璃窗里的"模特儿"……汽车驰过去了，别人的马车赶过我们急跑，马车上面似乎坐着一对情人，女人的卷发在帽沿外跳舞，男人的长臂没有什么用处，只为着一种表示，才遮在女人的背后。马车驰过去了，那一定是一对情人在兜风……只有我们是搬家。天空有水状的和雪融化春冰状的白云，我仰望着白云，风从我的耳边吹过，使我的耳朵鸣响。

到了：商市街××号。

他夹着条箱，我端着脸盆，通过很长的院子，在尽那头，第一下来拉开门的是郎华，他说："进去吧！"

"家"就这样地搬来，这就是"家"。

一个男孩，穿着一双很大的马靴，跑着跳着喊："妈……我老师搬来啦！"

这就是他教武术的徒弟。

借来的那张铁床，从门也抬不进来，从窗也抬不进来。抬不进来，真的就要睡地板吗？光着身子睡吗？铺什么？

"老师，用斧子打吧。"穿长靴的孩子去找到一柄斧子。

铁床已经站起，塞在门口，正是想抬出去也不能够的时候，郎华就用斧子打，铁击打着铁发出震鸣，门顶的玻璃碎了两块，结果床搬

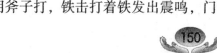

150

进来了，光身子放在地板中央，又向房东借一张桌子和两把椅子。

郎华走了，说他去买水桶、菜刀、饭碗……

我的肚子因为冷，也许因为累，又在作痛。走到厨房去看，炉中的火熄了。未搬来之前，也许什么人在烤火，所以炉中尚有木样在燃。

铁床露着骨，玻璃窗渐渐结上冰来。下午了，阳光失去了暖力，风渐渐卷着沙泥来吹打窗子……用冷水擦着地板，擦着窗台……等到这一切做完，再没有别的事可做的时候，我感到手有点痛，脚也有点痛。

这里不像旅馆那样宁静，有狗叫，有鸡鸣……有人吵嚷。

把手放在铁炉板上也不能暖了，炉中连最后一颗火星也灭掉。肚子痛，要上床去躺一躺，哪里是床！冰一样的铁条，怎么敢去接近！

我饿了，冷了，我肚痛，郎华还不回来，有多么不耐烦！连一只表也没有，连时间也不知道。多么无趣，多么寂寞的家呀！我好像落下井的鸭子一般寂寞并且隔绝。肚痛、寒冷和饥饿伴着我，……什么家？简直是夜的广场，没有阳光，没有温暖。

门扇大声哐啷哐啷地响，是郎华回来，他打开小水桶的盖给我看：小刀，筷子，碗，水壶，他把这些都摆出来，纸包里的白米也倒出来。

只要他在我身旁，饿也不难忍了，肚痛也轻了。买回来的草褥放在门外，我还不知道，我问他：

"是买的吗？"

"不是买的，是哪里来的？"

"钱，还剩多少？"

"还剩！怕是不够哩！"

等他买木样回来，我就开始点火。站在火炉边，居然也和小主妇一样调着晚餐。油菜烧焦了，白米饭是半生就吃了，说它是粥，比粥还硬一点；说它是饭，比饭还粘一点。这是说我做了"妇人"，不做妇人，哪里会烧饭？不做妇人，哪里懂得烧饭？

晚上，房主人来时，大概是取着拜访先生的意义来的！房主人就是穿马靴那个孩子的父亲。

"我三姐来啦！"过一刻，那孩子又打门。

我一点也不能认识她。她说她在学校时每天差不多都看见我，不管在操场或是礼堂。我的名字她还记得很熟。

"也不过三年，就忘得这样厉害……你在哪一班？"我问。

"第九班。"

"第九班，和郭小娴一班吗？郭小娴每天打球，我倒认识她。"

"对啦，我也打篮球。"

但无论如何我也想不起来，坐在我对面的简直是一个从未见过的面孔。

"那个时候，你十几岁呢？"

"15岁吧！"

"你太小啊，学校是多半不注意小同学的。"我想了一下，我笑了。

她卷皱的头发，挂胭脂的嘴，比我好像还大一点，因为回忆完全把我带回往昔的境地去。其实，我是22了，比起她来怕是已经老了。尤其是在蜡烛光里，假若有镜子让我照下，我一定惨败得比30岁更老。

"三姐！你老师来啦。"

"我去学俄文。"她弟弟在外边一叫她，她就站起来说。

很爽快，完全是少女风度，长身材，细腰，闪出门去。

35. 拍卖家具

◉ 萧 红

似乎带着伤心，我们到厨房检查一下，水壶，水桶，小锅这一些都要卖掉，但是并不是第一次检查，从想走那天起，我就跑到厨房来计算，三角二角，不知道这样计算多少回，总之一提起"走"字来便去计算，现在可真的要出卖了。

旧货商人就等在门外。

他估着价：水壶，面板，水桶，饭锅，三只饭碗，酱油瓶子，豆油瓶子，一共值五角钱。

我们没有答话，意思是不想卖了。

"五毛钱不少。你看，这锅漏啦！水桶是旧水桶，买这东西也不过几毛钱，面板这块板子，我买它没有用，饭碗也不值钱……"他一只手向上摇着，另一只手翻着摆在地上的东西，他很看不起这些东西："这还值钱？这还值钱？"

"不值钱，我也不卖。你走吧！"

"这锅漏啦！漏锅……"他的手来回地推动锅底，嘭响一声，再嘭响一声。

我怕他把锅底给弄掉下来，我很不愿意："不卖了，你走吧！"

"你看这是废货，我买它卖不出钱来。"

我说："天天烧饭，哪里漏呢？"

"不漏，眼看就要漏，你摸摸这锅底有多么薄？"最后，他又在小锅底上很留恋地敲了两下。

小锅第二天早晨又用它烧了一次饭吃，这是最后的一次。我伤心，明天它就要离开我们到别人家去了！永远不会再遇见，我们的小锅。没有钱买米的时候，我们用它盛着开水来喝；有米太少的时候，就用它煮稀饭给我们吃。现在它要去了！

共患难的小锅呀！与我们别开，伤心不伤心？

旧棉被、旧鞋和袜子，卖空了！空了……

还有一只剑，我也想要拍卖它，郎华说：

"送给我的学生吧！因为剑上刻着我的名字，卖是不方便的。"

前天，他的学生听说老师要走，哭了。

正是练武术的时候，那孩子手举着大刀，流着眼泪。

（作为"随笔两篇"之一，首刊于1936年8月1日《文季》月刊第1卷第3期）

36. 烦扰的一日

● 萧　红

他在祈祷，他好像是向天祈祷。

正是跪在栏杆那儿，冰冷的石块砌成的人行道。然而他没有鞋子，并且他用裸露的膝头去接触一些个冬天的石块。我还没有走近他，我的心已经为愤恨而烧红，而快要胀裂了！我咬我的嘴唇，毕竟我是没有押起眼睛来走过他。

他是那样年老而昏聋，眼睛像是已腐烂过。街风是锐利的，他的手已经被吹得和一个死物样样。可是风，仍然是锐利的。我走近他，但不能听清他祈祷的文句，只是喃喃着。

一个俄国老妇，她说的不是俄语，大概是犹太人，把一张小票子放到老人的手里，同时他仍然喃喃着，好象是向天祈祷。

我带着我重得和石头似的心走回屋中，把积下的旧报纸取出来，放到老人的面前，为的是可以卖几个钱，但是当我已经把报纸放好的时候，我心起了一个剧变，我认为我是最不庸俗的人了！仿佛我是做了一件蠢事般的。于是我摸衣袋，我思考家中存钱的盒子，可是连半角钱的票子都不能够寻找得到。老人是过于笨拙了！怕是他不晓得怎样去卖旧报纸。

我走向邻居家去，她的小孩子在床上玩着，她常常是没有心思向我讲一些话。我坐下来，把我带去的包袱打开，预备裁一件衣服。可是今天雪琦说话了：

"于妈还不来，那么，我的孩子会使我没有希望。你看我是什么事也没有做，外国语不能读，而且我连读报的趣味都没有呀！"

"我想你还是另寻一个老妈子好啦！"

"我也这样想，不过实际是困难的。"

她从生了孩子以来，那是五个月，她沉下苦恼的陷阱去，唇部不似以前有颜色，脸儿皱绉。

为着我到她家去替她看小孩，她走了，和猫一样蹑手蹑脚地下楼去了。

小孩子自己在床上玩得厌了，几次想要哭闹，我忙着裁旗袍，只是用声音招呼他。看一下时钟，知道她去了还不到一点钟，可是看小孩子要多么耐性呀！我烦乱着，这仅是一点钟。

妈妈回来了，带进来衣服的冷气，后面跟进来一个瓷人样的，缠着两只小脚，穿着毛边鞋子，她坐在床沿，并且在她进房的时候，她还向我行了一个深深的鞠躬礼，我又看见她戴的是毛边帽子，她坐在床沿。

过了一会，她是欣喜的，有点不像瓷人："我是没有做过老妈子的，我的男人在十八道街开柳条包铺，带开药铺……我实在不能再和他生气，谁都是愿意支使人，还有人愿意给人家支使吗？咱们命不好，那就讲不了！"

像猜谜似的，使人想不出她是什么命运。雪琦她欢喜，她想幸福是近着她了，她在感谢我：

"玉莹，你看，今天你若不来，我怎能去找这个老妈子来呀！"

那个半老的婆娘仍然讲着："我的男人他打我骂我，以先对我很好，因为他开柳条包铺，要招股东。就是那个人 20 元钱顶大的股东，他替我造谣，说我娘家有钱，为什么不帮助开柳条铺呢？在这一年中，就连一顿舒服饭也没吃过，我能不伤心吗！我 17 岁过门，今年我是 24 岁。他从不和我吵闹过。"

她不是个半老的婆娘，她才 24 岁。说到这样伤心的地方，她没有哭，她晓得做老妈子的身份。可是又想说下去，雪琦眉毛打锁，把小孩子给她：

"你抱他试试。"

小孩子，不知为什么，但是他哭，也许他不愿看那种可怜的脸相？雪琦有些不快乐了，只是一刻的工夫，她觉得幸福是远着她了！

过了一会，她又像个瓷人，最像瓷人的部分，就是她的眼睛，眼珠定住。我们一向她看去，她忙着把眼珠活动一下，然而很慢，并且一会又要定住。

"你不要想，将来你会有好的一日……"

"我是同他打架生气气的，一生气就是个呆人样，什么也不能做。"那瓷人又忙着补充一句："若不生气，什么病也没有呀！好人一样，好人一样。"

后来她看我缝衣裳，她来帮助我，我不愿她来帮助，但是她要来帮助。

小孩子吃着奶，在妈妈的怀中睡了。孩子怕一切音响，我们的呼吸，为着孩子的睡觉都能听得清。

雪琦更不欢喜了。大概她在害怕着，她在计量着，计量她的计划怎样失败。我窥视出来这个瓷人的老妈，怕一会就要被辞退。

然而她是有希望的，满有希望，她殷勤地在盆中给小孩洗尿布。

"我是不知当老妈子的规矩的，太太要指教我。"她说完坐在木凳上，又开始变成不动的瓷人。

我烦忧着，街头的老人又回到我的心中；雪琦铅板样的心沉沉地挂在脸上。

"你把脏水倒进水池子去。"她向摆在木凳间的那瓷人说。

捧着小盆子，那个妇人紫色毛边鞋子还没有响出门去，雪琦的眼睛和偷人样转过来了：

"她是不是不行？那么快让她走吧！"

孩子被丢在床上，他哭叫，她到隔壁借三角钱给老妈子的工钱。

那紫色的毛边鞋慢慢移着，她打了盆净水放在盆架间，过来招呼孩子。孩子惧怕这瓷人，他更哭。我缝着衣服，不知怎么一种不安传染了我的心。

忽然老妈子停下来，那是雪琦把三角钱的票子示到面前的时候，她拿到三角钱走了。她回到妇女们最伤心的家庭去，仍去寻她恶毒的生活。

毛边帽子，毛边鞋子，来了又走了。

雪琦仍然自己抱着孩子。

"你若不来，我怎能去找她来呢！"她埋怨我。

我们深深呼吸了一下，好像刚从暗室走出。屋子渐渐没有阳光了，我回家了，带着我的包袱，包袱中好像裹着一群麻烦的想头——妇女们有可厌的丈夫，可厌的孩子。冬天追赶着叫花子使他绝望。

在家门口，仍是那条栏杆，仍是那块石道，老人向天跪着，黄昏了，给他的绝望甚于死。

我经过他，我总不能听清他祈祷的文句，但我知道他祈祷的，不是我给他的那些报纸，也不是半角钱的票子，是要从死的边沿上把他拔回来。

然而让我怎样做呢？他向天跪着，他向天祈祷，……

1933. 12. 8

（首刊于1933年12月17、24日长春《大同报》周刊《夜哨》第17、18两期）

37. 最末的一块木柈

● 萧　红

火炉烧起又灭，灭了再弄着，灭到第三次，我恼了！我再不能抑止我的愤怒，我想冻死吧，饿死吧，火也点不着，饭也烧不熟。就是那天早晨，手在铁炉门上烫焦了两条，并且把指甲烧焦了一个缺口。火焰仍是从炉门喷吐，我对着火焰生气，女孩子的娇气毕竟没有脱掉。我向着窗子，心很酸，脚也冻得很痛，打算哭了。但过了好久，眼泪也没有流出，因为已经不是娇子，哭什么？

烧晚饭时，只剩下一块木柈，一块木柈怎么能生火呢？那样大的

158

炉腔，一块木柈只能占去炉腔的二十分之一。

"睡下吧，屋子太冷。什么时候饿，就吃面包。"郎华抖着被子招呼我。

脱掉袜子，腿在被子里面团蜷着。想要把自己的脚放到自己肚子上面暖一暖，但是不可能，腿生得太长了，实在感到不便，腿实在是无用。在被子里面也要颤抖似的。窗子上的霜，已经挂得那样厚，并且四壁的绿颜色，涂着金边，这一些更使人感到冷。两个人的呼吸像冒着烟一般的。玻璃上的霜好像柳絮落到河面，密结地起着绒毛。夜来时也不知道，天明时也不知道，是个没有明暗的幽室，人住在里面，正像菌类。

半夜我就醒来，并不饿，只觉得冷。郎华光着身子跳起来。点起蜡烛，到厨房去喝冷水。

"冻着，也不怕受寒！"

"你看这力气！怕冷？"他的性格是这样，逞强给我看。上床，他还在自己肩头上打了两下。我看着他冰冷的身子颤抖了。都说情人的身子比火还热，到此时，我不能相信这话了。

第二天，仍是一块木柈。他说，借吧！

"向哪里借？"

"向汪家借。"

写了一张纸条，他站在门口喊他的学生汪玉祥。

老厨夫抱了满怀的木柈来叫门。

不到半点钟，我的脸一定也红了，因为郎华的脸红起来。窗子滴着水，水从窗口流到地板上，窗前来回走人也看得清，窗前哺食的小鸡也看得清，黑毛的，红毛的，也有花毛的。

"老师，练武术吗？九点钟啦！"

"等一会，吃完饭练武术！"

有了木杵，还没有米，等什么？越等越饿。他教完武术，又跑出去借钱，他借了钱买了一大块厚饼回来，木杵又只剩了一块。这可怎么办？晚饭又不能吃。

对着这一块木杵，又爱它，又恨它，又可惜它。

38. 殇儿记

● 叶　紫

一个月之前，当我的故乡完全沉入水底的时候，我接到我姊姊和岳家同时的两封来信，报告那里灾疫盛行，儿童十有九生疟疾和痢疾，不幸传染到我的儿子身上来了。要我赶快寄钱去求神，吃药；看能不能有些转机。孩子的病症是：四肢冰冷，水泻不停，眼睛不灵活，……等等。

我当时没有将来信给我的母亲和女人看，因为她们都还在病中。而且，我知道：水灾里得到这样病症，是决然不可救治的。

我将我的心儿偷偷地吊起来了！我背着母亲和女人，到处奔走，到处寻钱。有时，便独自儿躲到什么地方，朝着故乡的黯淡的天空，静静地，长时间地沉默着！我慢慢地，从那些飞动的，浮云的絮片里，幻出了我们的那一片汪洋的村落，屋宇，田园。我看见整千整万的灾民，将叶片似的肚皮，挺在坚硬的山石上！我看见畜生们无远近地漂流着！我看见女人和孩子们的号哭！我看见老弱的，经不起磨折的人们，自动的，偷偷地向水里边爬——滚！……

我到处找寻我的心爱的儿子，然而，我看不见。他是死了呢？还是仍旧混在那些病着的，垃圾堆似的，憔悴的人群一起呢？我开始埋怨起我的眼睛来。我使力地将它睁着！睁着！我用手巾将它擦着！终于，我什么都看不出：乌云四合，雷电交加，一个巨大的，山一般的黑点，直向我的头上压来！

我的意识一恢复，我就更加明白：我的孩子是无论如何不会有救的！他也和其他的灾民一样，将叶片似的肚皮挺在坚硬的山石上，哭叫着他的残酷的妈妈和狠心的爸爸！

我深深地悔恨：我太不应该仅仅因为生活的艰困，而轻易地，狠心地将他一个人孤零零地抛在故乡的。现在如何了呢？如何了呢？……啊啊！我怎样才能够消除我的深心的谴责呢？

也许还有转机的吧！赶快寄钱吧！我的心里自宽自慰地想着。我极力地装出了安闲镇静的态度来，我一点都不让我的母亲和女人知道。

一天的下午，我因为要出去看一个朋友，离家了约莫三四个钟头，回来已经天晚了。但我一进门——就听见一阵锐声的，伤痛的嚎哭，由我的耳里一直刺入到心肝！我打了一个跟跄，在门边站住了。我知道，这已经发生了如何不幸的事故！我的身子抖战着，几乎缩成了一团！

我的母亲，从房里突然地扑了出来，扭着我的衣服！六十三岁的老人，就像喝醉了酒的一般，哭哑她的声音了！她骂我是狠心的禽兽，只顾自己的生活，而不知爱惜儿女！甚至连孩子的病信都不早些告诉她。我的女人匍匐在地上，手中抱着孩子的照片，口里喷出了黑色的血污！我的别的一个，已经有了三岁的女孩，为了害怕这突如其来的变乱，也跟着哇哇地哭闹起来了！

我的眼睛朦胧着，昏乱着！我的呼吸紧促着！我的热泪像脱了串的珠子似地滚将下来！我并不顾她们的哭闹，就伸手到台子上去抓那封湿透了泪珠和血滴的凶信：

"……没有钱医治，死了……很可怜的，是阴历七月二十七日的早晨！……这里的孩子死得很多！……大人们也一样！……这里的人都过着鬼的生活，一天一天地都走上死亡的路道了！……"

眼睛只一黑，以后的字句便什么都看不出来了。

夜深时，当她们的哭声都比较缓和了的时候，我便极力地忍痛着，低声地安慰着我的女人：

"还有什么好哭的呢？像我们这样的人，生在这样的世界，原就不应该有孩子的！有了就有了，死了就死了！哭有什么裨益呢？孩子跟着我们还不是活受罪吗？我们的故乡不是连大人们都整千整万的死吗？饥寒，瘟疫！……你看：你才咳出来的这许多血和痰！……"

我的女人朝着我，咬了一咬她那乌白色的嘴唇，睁着通红的眼；绝望地，幽幽地说：

"为什么呢？我们为什么要遭这样的苦难呢？我们的孩子！我们的故乡！……"

39. 年轻时代

◉ 池田大作

人的生命是有限的，每个人都希望在自己有限的生命里获得最高价值。然而，从某种意义上讲，人的生存同样也是艰难的。

随着社会的发展，长寿的人越来越多，但遗憾的是：对现代人来说，最重要的生命力却没有多大增长，甚至有人指出，在青年人中，有不少人受不了挫折的打击而萎靡不振。还有一些人认为，现代人出现了生命力衰退的迹象。而且，自杀的死亡人数超过交通死亡人数的一倍，以此类推，轻生的倾向日趋严重，社会各界人心惶惶。同时，除事故和疾病外，精神上的压抑感、疏离感、虚脱感等一类社会现象正不断漫延于人们的周围。

在当代，与"生"的力量相比，削弱"生"的力量正几倍、几十倍地增长。也许不少人也和我有同感吧，但是当前，最重要的是正视这样的现实，再次细细地咀嚼一下"生存"的根本意义。

据说人在临死的瞬间，一生所经历过的事情会像走马灯一样在脑海中盘旋。有的人流出悔恨的泪水，使盘旋于脑中的情景一片模糊；有的人从心底感到无限的满足，在充满欢喜中迎接人生的终结。我认为，这其实就是人生成败的分界之处了。

世上有不少身居高位或腰缠万贯的人，但其一生毫无真诚可言，对这些人来说，当然没有真正的人生胜利感，想必只有痛苦的回忆吧。而另一些人不管自己的生活条件多么的艰辛，别人又是如何评价自己，仍诚实地奋斗一生，或为某种主张、主义艰苦拼搏一生，在欢乐的心潮中迎接临终。在自己的人生中取得胜利的这些人，以强有力的步伐抵达生命的终点，以其实际行动为社会、世界和宇宙的一切做出巨大的贡献，他们死得真是伟大。这些人生业绩将在他们心中唤起无限欣喜的激情。

人的一生不可能一帆风顺，这期间不时会有狂风暴雨，还会出现电闪雷鸣。但深知创造之乐的生命，绝不会因此而退却。创造本身就是一项最艰难的工作，它是一场打开沉重的生命之门的残酷战斗。当然，与打开神秘的宇宙大门相比，要打开"自身的生命之门"是多么不容易的事呀！

尽管如此，工作显示出做人的骄傲，不，应该说这就是生命的真正意义与真正的生活态度。有的人不懂得创造生命的欢乐，我觉得没有比这更寂寞无聊的了。柏格森有一句话说得真是好，话题中心就是让生命变得更为丰富充实。它就是："通过自己的努力为世界增添了光彩的人，人格会更加高尚。"

40. 童年

◉ 马克·吐温

1849 年，我们家还在密西西比河畔的汉尼堡居住，那一年我 14 岁。当时我们住在我父亲五年前刚盖的大房子里。家里有几个人住新屋，剩下的人还住后面连着的老房子。

那年秋天，我姐姐主办了一次晚会，邀请全村的男女青年参加。我还太小，不够参加这种社交活动的年龄。再说我也过于腼腆，跟年轻姑娘们合不到一块。

不过，他们邀请我在一出小神话剧里扮演一只熊。我得以进场的全部时间只有十分钟，演出时我得穿上一件熊皮似的毛茸茸的棕色紧身衣服。

大约十点钟时，有人叫我回自己的屋去穿上那件熊皮衣服。我走了几步，忽然灵机一动，决定先练习一番。可是那个房间太小了。我穿过大街，来到拐角处一栋很大的空房子里。可我根本没想到有十来个年轻人也正去那里换装，准备演戏呢。

我和小伙伴桑迪一起在二楼选了一间大而空旷的屋子。我们一边说话一边走了进去，里面正穿了一半衣服的姑娘听到说话声都藏到一架屏风后面。她们的长裙服和其他东西都挂在门背后的钩子上，可我没看见。

屋里摆着一架旧屏风，上面有好些窟窿。我压根儿就不知道屏风后还有女孩子，所以对那些窟窿也没在意。我要是知道屏风后面有人，

164

打死我也不会在窗外射入的一片冷酷的月光里脱衣解带，简直羞死人了！

当时我一点儿都没想到这些，坦然地脱了个一丝不挂，然后就开始练习。我野心勃勃地想来个一鸣惊人，成为扮演熊的专家，那样他们就会常常请我演出了。

于是，我就带着为了立身扬名而忘我工作的那种热情投入了练习。我在两间屋子里满地乱爬，桑迪喝彩叫好；接着又直立行走，嘴里发出我认为像熊的咆哮声；我又是倒立，又是左蹦右跳。

总而言之，凡是熊能做的动作我全表演了一遍，熊做不了的动作我也发明了不少，还有一些动作是稍有点自尊心的熊都不屑一做的。

当然，我丝毫没有想到在我丢人现眼的时候，除了桑迪还有别人在场。最后，我来了个倒立，就那样停在空中稍事休息。不知我的这些动作是否可笑，但我确实听到了一阵突如其来的笑声。

我的劲一下子全泄了，身子一软，摔了下来，撞倒了屏风，把那些年轻姑娘给压在了下面。她们吓得尖声大叫。我抓起衣服就跑，桑迪跟在后面。眨眼工夫，我已经穿上了衣服，从后门溜之大吉。我让桑迪保证不吐一个字，然后一道找了个地方，一直躲到晚会开完。

屋里沉寂下来，静悄悄的，我一直等到大家都入睡了才敢回家。我摸黑躺在床上，我对自己丢人现眼的表演有一种辛酸凄楚的感觉。第二天，我看见枕头上别着一张小纸条，上面写着："你演熊可能演不好，但你演光屁股可真是精彩至极——哎哟，别提有多精彩啦！"

但是，孩子的生活里并不全是欢乐和笑声，也有许多令人伤感的事件闯入他的小天地里。有个醉鬼流浪汉在村里的班房被火烧死了。随后一百多个晚上，这件事都压在我的心头，每夜做噩梦——梦见他那张哀求的脸，跟活着时看见的可怜面容一模一样，他的脸紧贴在窗子的铁栏杆上，身后是血红的地狱，那张脸似乎在对我说："如果你不给我那包火柴，这一切就不会发生，你要对我的死亡负责！"我根本没责任，借给他火柴完全是出于善意，哪想过要伤害他呢？这个流浪汉——他才是有罪的——只遭了十分钟的难，然而清白无辜的我却受了整整三个月的折磨。

后来村里又发生了几起惨剧，凑巧的是，我目击了每场惨剧的全过程。我的学识和受过的锻炼使我能对这些惨剧看得比未受教育的人更深刻一些。不过这些惨剧一般到了光天化日之下就失去了吓人的力量，它们逐渐退去，消失在灿烂欢欣的阳光里。它们是黑暗和恐惧的宠儿。白昼给我带来宁静和欢愉。但一到夜晚，我又重回到痛苦不堪的梦魇中。在我的整个童年时代，我从没设想过怎样改善自己的生活条件，过上更好的日子。年事增长后，我也没有如此奢求过。但就是到了现在，夜里的情况还没有变，和年轻时一样：给我带来对自己过去所作所为的沉痛感慨。从出生到现在，由于经历了太多不同寻常的事情，所以一到夜晚，脑子里就乱七八糟，从来没有平静过。

41. 夏克玲和米劳

◉ 法朗士

夏克玲和米劳是朋友。夏克玲是一个小女孩，米劳是一只大狗。他们是来自同一个世界，他们都是在乡下长大的，因此他们彼此的理解都很深。他们彼此认识了多久呢？他们也说不出来。这都是超乎一只狗儿和一个小女孩记忆之外的事情。除此以外，他们也不需要认识。他们没有希望、也没有必要认识任何东西。他们所具有的唯一概念是他们好久以来——自从有世界以来，他们就认识了；因为他们谁也无法想象宇宙会在他们出生之前就已经存在。按照他们的想象，世界也象他们一样，是既年轻、又单纯，也天真烂漫。夏克玲看米劳，米劳看夏克玲，都是彼此彼此。

米劳比夏克玲要大很多，也强壮得多。当他把前脚搁到这孩子的肩上时，他足足比她高一个头和胸。他可以三口就把她吃掉；但是他知道，他觉得她身上具有某种优良品质，虽然她很幼小，她是很可爱的。他崇拜她，他喜爱她。他怀着真诚的感情舐她的脸。夏克玲也爱他，是因为她觉得他强壮和善良。她非常尊敬她。她发现他知道许多她所不知道的秘密，而且在他身上还可以发现地球上最神秘的天才。她崇敬他，正如古代的人在另一种天空下崇敬树林里和田野上的那些粗野的、毛茸茸的神仙一样。

但是有一天她看到一件惊奇的怪事，使她感到迷惑和恐怖：她看到她所崇敬的神物、大地上的天才、她那毛茸茸的米劳神被一根长皮带系在井旁边的一棵树上。她凝望，惊奇着。米劳也从他那诚实和有耐性的眼里望着她。他不知道自己是一个神、一个多毛的神，因而也就毫无怨色地戴着他的带子套圈一声不响。但夏克玲却犹疑起来了，她不敢走近前去。她不理解她那神圣和神秘的朋友现在成了一个囚徒。一种无名的忧郁笼罩着她整个稚弱的灵魂。

42. 我们从未告诉他他不能

◉ 凯西·拉曼库莎

儿子乔伊出生时，脚板向上，整只脚扭曲到腹部，因为是头胎，我虽然觉得这样看起来很古怪，却不知真正状况，后来才知道那是先

167

天短厚弯曲的畸形足，医生保证适当治疗能让他正常行走，但很可能没办法跑得很好。因而乔伊生命的头三年，几乎都和外科手术、石膏和夹板共度，他的脚经过手术、不断按摩和运动，直到七八岁时，如果你看他走路，不会知道他的脚以前有问题。

如果他长距离行走，譬如在游乐场或参观动物园，他会抱怨脚累了、痛了，我们会停下来休息，喝个汽水或吃冰激凌，谈谈看过的事物，计划要看的东西，我们没告诉他为何他的脚会痛，为何脚如此虚弱，也没告诉他那是因出生时的畸形造成的。我们没告诉他，所以他不知道。

附近的小孩玩起来就到处乱跑，乔伊看着他们跑，当然会跟着跑跳玩耍，我们从未告诉他，也许他无法像其他小孩一样跑跳，我们没告诉他他不同，我们没告诉他，所以他不知道。

一年级时，他决定参加越野赛跑队，每天参加训练，他总是跑得比别人勤，比别人多。也许他已感到别人自然就能的，对他而言似乎无法自然而然，我们没告诉他，虽然他能跑但可能总是落在队伍后面。我们没告诉他，他不该期望加入"校队"。校队是全校跑得最好的前七名，虽然大家都跑，但只有七个校队较有可能为校争光，我们从未告诉他，也许他永远无法跻身前七名，加入校队，所以他不知道。

他继续每天跑步回到五英里。我永不会忘记他发烧到三十九度的时候，那天他却无法留在家里，因为他要去参加越野赛跑练习，我整天都替他担心，预料学校会打电话来要我带他回家，但没人打电话来。

下课后，我到越野赛跑训练区去，心想若是我在那里，也许他当晚就会放弃练习。我到学校时，他正一个人沿着整排树的街道跑，我把车子开近他，慢慢跟着他的步伐开，问他感觉如何，他说："还好。"他还要跑两英里，汗水从他脸颊滚下，眼睛因发高烧而略失神采，然而他直视前方，继续跑，我们从未告诉他，发烧到三十九度不能跑四英里，我们没说，所以他不知道。

两周后，本季第二次越野赛的前一天，校队的名单公布了，乔伊是名单上的第六个，其他校队队员都是国二的学生。我们从未告诉他，也许他不该期望成为"校队"的一员，我们从未告诉他他不能，所以他不知道，他只是尽力去做而已。

43. 孩童之道

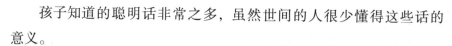

◉ 泰戈尔

只要能讨得孩子的欢心，他愿意此刻飞上天。

他所以不离开我们，是有着一定原因的。

他爱把他的头偎在妈妈的胸前，他即使是一刻不见她，也是不行的。

孩子知道的聪明话非常之多，虽然世间的人很少懂得这些话的意义。

他所以永不想说，也是有一定原因的。

他所要做的一件事就是要学习从妈妈的嘴唇里说出来的话，这就使得他看上去天真浪漫。

孩子虽有为数可观的财宝，但他到这个世界上来却像一个乞丐。

他所以这样假装着来，是有一定原因的。

这个可爱的小小的裸着身体的乞丐，所以假装着完全无助的样子其目的便是想获取妈妈的爱。

孩子在纤小的新月的世界里是全无牵挂的。

他所以放弃了他的自由是有一定原因的。

他知道有无穷的快乐藏在妈妈的心里的小小一隅，被妈妈亲爱的手臂拥抱着，其甜美要胜过任何形成的自由。

孩子永不知道如何哭泣，他所住的是完全的乐土。

他所以要流泪是有一定原因的。

虽然他用了可爱的脸儿上的微笑，引逗得他妈妈的热切的心向着他，然而他同样有目的的哭声，却编成了怜与爱的双重约束的带子。

44. 自强不息的男孩

● 马里昂·怀特

在伦敦一个破败不堪的马房里，住着一个名叫迈克尔·法拉第的穷孩子。他每日里背着一大捆报纸到街上叫卖，以一便士一份的价格将它们出售给路上的行人，以此来维持生计。他还曾在装订商和图书出版商那里当过 7 年的学徒。有一次，在装订大不列颠百科全书时，他的眼睛无意间看到一篇介绍电的文章，这篇文章像磁铁一样吸引了他，直到他一口气读完为止。他找到了一个玻璃药水瓶、一个旧的平底锅，再加上几样简单的工具，就开始做起了实验。

一位顾客被这个小男孩的求知欲深深地感动了，他把法拉第带去听著名化学家汉弗莱·戴维先生的精彩讲座。迈克尔·法拉第鼓足了勇气，给这位伟大的科学家写了一封信，并把自己做的讲座笔记送给戴维先生本人审阅。

此后不久的一个夜晚，正在迈克尔即将上床休息时，汉弗莱·戴维先生的马车停在了他那简陋的住处前，一位仆人下了车并递给一封亲笔书写的邀请信——汉弗莱·戴维先生请法拉第在第二天早上去拜访他。迈克尔读着信上的内容，几乎无法相信自己的眼睛。

次日早上，他如约拜访了汉弗莱·戴维先生，戴维先生想请他做一些清洗实验仪器和搬运设备的工作。戴维先生在用一些危险的爆炸性试剂做实验时，脸上戴了一副用玻璃制作的安全面具，而法拉第则全神贯注地观察着他的一举一动，他那充满了求知欲的眼睛始终没有离开这位大科学家。

经过一段时间的观察和学习，迈克尔自己也做起了实验。很快，因为法拉第超凡脱俗的悟性和突飞猛进的成绩，许多一流的科学研究人员邀请这位当初没有任何"机会"的穷孩子为他们做讲座。这个自强不息的男孩终于站在巨人的肩膀上，攀登上了科学的巅峰。

45. 请帮我穿上红衣

◉ 仙蒂·狄荷姆斯

在我担任教育者及保健顾问的生涯中，曾见过许多感染艾滋病毒的儿童。有幸与这些特殊儿童相处，是我生命中的福分，他们教导我许多事情，我从泰勒身上就发现，最大的勇气也可以在最小的心灵中显现出来。

泰勒出生时便感染了艾滋病毒，他母亲也是病原携带者。从他生命一开始，他就得依靠药物才能存活。五岁时，他的胸腔开刀，在血管中插入一根管子，这根管子连接到背后所背的小包中帮浦，帮浦不断经由管子输送药物的血液中。有时，他甚至需要补助氧气来帮助呼吸。

泰勒不愿因这个致命的疾病而放弃短暂的快乐童年，所以你不难发现他随时背着装有药物的背包，拖着载氧气筒的小车在后院里玩耍奔跑，认识泰勒的人，无时不对他单纯的生之喜悦及活力充沛惊讶万分。泰勒的妈妈时常跟他开玩笑，说他跑得这么快，他必须让他穿红衣服，这样，她才可以轻易地隔着窗子看他是否仍然在后院玩。

即使是像泰勒这么精力充沛的人，最后还是被这可怕的疾病折磨销蚀，他病得很严重，不幸的是，他母亲也是。当他已经确定不可能再活下去时，他母亲跟他谈了有关死亡的事，她安慰泰勒说，她也快要死了，不久他们即可在天堂相见。

泰勒去世前几天，叫我到他病床边，在我耳边低声说："我快死了，但我不害怕。我死了，请帮我穿上红衣，妈答应我也要到天堂，她到时我可能在玩，我要确定她能找到我。"

46. 幸福是一位少女

◉ 纪伯伦

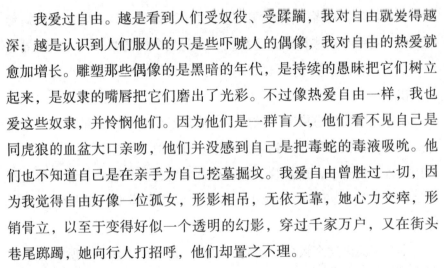

我爱过自由。越是看到人们受奴役、受蹂躏，我对自由就爱得越深；越是认识到人们服从的只是些吓唬人的偶像，我对自由的热爱就愈加增长。雕塑那些偶像的是黑暗的年代，是持续的愚昧把它们树立起来，是奴隶的嘴唇把它们磨出了光彩。不过像热爱自由一样，我也爱这些奴隶，并怜悯他们。因为他们是一群盲人，他们看不见自己是同虎狼的血盆大口亲吻，他们并没感到自己是把毒蛇的毒液吸吮。他们也不知道自己是在亲手为自己挖墓掘坟。我爱自由曾胜过一切，因为我觉得自由好像一位孤女，形影相吊，无依无靠，她心力交瘁，形销骨立，以至于变得好似一个透明的幻影，穿过千家万户，又在街头巷尾踯躅，她向行人打招呼，他们却置之不理。

我像所有的人一样，爱过幸福。每天醒来，我同人们一道把幸福寻找，但在他们的路上，我从未把她找到。在人们宫殿周围的沙漠上，我未能看见幸福的脚印；从寺院的窗户外，我也不曾听到里面传出幸福的回音。当我独自一人去寻找幸福时，我听到自己的心灵在耳语："幸福是一位少女，生活在心的深处，那里是那样深，你只能望而却步。"我剖开自己的心，要把幸福追寻。我在那里看到了她的镜子、她的床、她的衣裙，却没有发现幸福本身。

我爱过人们，非常热爱他们。这些人在我的心目中，可分三种：一种人诅咒人生坏，一种人祝福人生好，还有一种人则对人生深深地思考。我爱第一种人，因为他们日子过得太糟糕；我爱第二种人，因为他们宽容、厚道；我更爱第三种人，因为他们有头脑。

47. 巫婆的女儿

◉ 伊巴涅思

在这辆三等客车的车厢里，旅客们差不多全都认识玛丽爱达——一个穿着孝服的美丽的寡妇。她抱着一个婴儿坐在车厢的门边，躲避着邻座妇女对她的注意和谈论。

那些年老的村妇，隔着放在自己膝上的，装着从伐朗西亚买来的货物的那些大筐子的把手，有的好奇地，有的怀恨地望着她。男子们口里咬着劣质的雪茄，向她盯着看。

整个车厢的人都在谈论着她，讲着有关她的事情。

自从她丈夫死后，她敢于出门，这还是第一次。三个月的时间早已过去了。无疑的，她已不再怕她丈夫的弟弟德莱了；他是一个身量短小的人，二十五岁，乡里人都怕他！他是个不怕死的人，玩枪是他唯一的嗜好。他生下地来的时候家里是很有钱的，他却抛弃了他的土地，宁愿去过那种冒险的生活。有时因法官对他的宽大使他能够依然在村里逍遥法外，有时对他怀恨的人敢于暴露他的罪行，他便躲到山

173

里去。

玛丽爱达似乎又安闲又满意。哦，这坏畜生！有这么阴险的灵魂，却长得这么的美，而且态度也尊严得像王后一样。

那些从来没有看见过她的人，见了她这样美，全都看得出神了。她就像村子里的主保圣人圣母的像一个样儿；她有那种洁白又像蜡一样透明的皮肤，随时还泛起一层红红的颜色；乌黑的眼睛像是裂开的杏仁，盖着很长的睫毛；脖子很美丽，有两道横的皱纹，更加衬托出她洁白的皮肤的光彩来。她高高的个儿，两个乳房非常结实，她只要稍稍动一下，她的乳房在黑衣服里便显得更加高了。

是的，她是非常美丽！……别人便拿这个理由来解释伯拜特，她不幸的丈夫对她的狂热。

全家的人一致反对这件婚事，可是没有用处。像他这样有钱的人，娶上一个穷苦的女孩子，真是太荒唐了！况且谁都知道她是一个巫婆的女儿，当然传受了她母亲的害人的邪术！

可是他却绝对不肯放弃。伯拜特的母亲完全是忧郁而死的。据邻妇所说，她与其看见那个巫婆的女儿上她的门来，还不如死了的好；就说德莱吧，他虽然是个无赖，并不将家声两字放在心上，却也差点跟他哥哥吵起来。他容忍不了有这种下贱的女人来做他的嫂子。她美丽是无疑的；可是她，据那些最可靠的人亲眼所见，以及在小酒店里亲口所说，她自己做有毒的饮料，帮助她母亲从流浪的小孩的身体内提取脂肪，来制造神秘的药膏……每个礼拜六的半夜里，从烟筒里飞出来以前，先用那种药涂擦身体……

伯拜特对于这一切都付之一笑，终于和玛丽爱达结了婚：因此他的葡萄，他的稻子豆，马郁尔街的那所大房子，和他母亲藏在卧室钱柜里的钱完全都归她掌握了。

他是个傻子！那两头母狼已给他吃了些迷魂药——"蒙汗粉"

了，那些最有经验的长舌妇一口咬定，这种药是由于邪术的关系，永远是有极大效力的。

那个满脸皱纹的巫婆，长着一对小小的恶毒的眼睛。她走过村庄里的空场子，没有一次不被许多顽童争着用石子扔她；她独自个住在郊外自己的小屋里。凡是在夜间打她的小屋子前面走过的人，没有不用手指画十字的。伯拜特就是从这个屋子里把玛丽爱达弄出来的，他有了这个全村最美丽的女人，觉得非常幸福。

而且是怎样的生活方式啊！那些善良的妇女用气愤的神色来提起。不论谁一看就知道这样的婚姻是由恶魔安排定的。伯拜特难得出门：他忘记了他的田亩，他放任他雇的短工，他不肯和他的女人离开一刻。从半开着的门里，从常开着的窗里，人们瞥见他们抱着亲嘴。人们看见他们追来追去，在幸福的沉醉中不停地欢笑着和抚爱着，听任大家看见他们的放浪的享乐情形。那简直不是基督教徒的生活。这是两只在不能扑灭的热情中互相追逐的疯狗。啊！这个极其下流的女人！她和她的母亲，用她们的药水激起了伯拜特的热情。

当人们看见他渐渐瘦下去，黄下去，小下去，像一支在熔化着的大蜡烛一样的时候，都相信这件事是真的……

村里的医生，只有他一个人不相信巫婆，媚药，他嘲笑一般人那么迷信，他说应该把他们分开来：照他的意见，这便是唯一的良药。可是他们依旧住在一起。他渐渐地变得骨瘦如柴，她却反而美丽，肥胖起来，傲慢地用她王后一般的态度毫不理睬别人的说短道长。他们生了一个儿子；然而两个月之后，伯拜特就像一个熄灭了的灯火似的，慢慢地死了，临死他还呼唤着他妻子的名字，还把手热情地伸给她。

村里的人闹开了！这当然是迷魂药的效力！那个老太婆怕受别人欺侮，躲在她的小屋里不敢露面！玛丽爱达一连几个星期不敢上街去。邻居们都听见她在悲伤地哭。最后，她冒着人们仇视的目光，有好几个下午带了她的婴儿到她丈夫的坟上去。

起初，她害怕她那个可怕的小叔子德莱，在他看来，杀人，很简单，是男子汉大丈夫的行为。伯拜特的死叫他很愤怒，他在酒店里当着别人面前口口声声地说，要扭断那个寡妇跟老巫婆的脖子！可是别人已经有一个月没有看到他了。他一定是和那些强盗往山里去了，或者是有什么"买卖"勾引他往本省的别一角落去了。玛丽爱达到最后才敢离开村庄，上伐朗西亚去买货物……哦！那位美丽的太太，她用她可怜的丈夫的钱来装扮出怎样尊贵的模样！也许她在希望有些小绅士瞧见了她那么可爱的脸儿，会和她说上句话……

那些恶意的低语在车厢里嗡嗡地响着。目光从各方面集中到她身上来。可是玛丽爱达张开了她高傲的大眼睛，不顾别人的轻蔑，重新去望那些稻子豆田，蒙满灰尘的橄榄树田和白色的房屋。那些田亩房屋在车子的行驶中都向相反的方向奔去，而那好像裹在很厚很厚的金羊毛里的太阳落在地平线上，使地平线仿佛在燃烧着。

车子进入一个小站停下了。那些对玛丽爱达冷嘲热讽得最厉害的妇女都急着下车去，把她们的篮子和蒲包堆置在自己的面前。

那个美丽的寡妇抱着孩子，将装有货物的篮子靠在她的结实的腰边，放慢了脚步走出去，好让那些怀恶意的长舌妇们走在前面，因为她愿意独自一人，不会有听到她们对她毁谤的痛苦。

在村落里，狭小、曲折、覆有披檐的街上，阳光很少照得到。最后的几所屋子排列在公路的两旁。过去就是田野了，在将近黄昏时望去是青青的；再远一点，在尘土弥漫的宽阔的道路上，那些头上顶着包裹的妇女们像蚂蚁般地一连串走着，已经走到最近的村庄了；这个村庄里在一座小山的后面矗立着一个钟楼，它的涂漆的瓦顶在最后的阳光的反照下闪耀着。

玛丽爱达是勇敢的。然而当她看见只有她一个人在路上的时候，她突然感到了不安。路程很长，在她到家前，天一定完全黑了。

在一所房子的门上，一支积满尘埃，枯干的橄榄树枝在摇动着，这种标记就是旅店的招牌。在那下面，站着一个短小的人。他背朝着村庄，把身子倚靠在门框上，手叉在腰间。

玛丽爱达对他看了几眼……假如她，当他一回转头来时，认出他是她的小叔子，那是多么可怕啊，我的上帝！可是她的确知道他是在远地，她便继续走她的路。在她脑子里好玩地想起这个狭路相逢的残酷的念头，正因为她以为这种相逢是不可能的！然而，只要一想起那个站在旅店门口的人或许就是德莱的时候，她便直打哆嗦了。她低着头在他面前走过。

"晚安，玛丽爱达。"

真的是他……在现实跟前，这寡妇起初还没有感觉到刚才的那种忧虑，她不能再怀疑了，这正是德莱！这个面上露着奸恶微笑的强徒，他用着比他言语更使人担心的目光注视她。

她低声答了个"你好"。她虽然这么高，这么强健，也觉得自己的腿子发软了，她甚至要鼓起力量来，才不使她的孩子掉到地上去。

德莱阴险地微笑着。这种情况没有害怕的必要，他们不是亲戚吗？他遇见她应该是很愉快的，他会伴她一道上村庄去，而且一路上他们会谈些儿事情的。

"向前走！向前走！"这短小的人这样说。

她跟着他，像头绵羊一样的柔顺。这真是一个奇异的反常现象：这个高大、强健、肌肉结实的女人似乎是被德莱拉着走的；而他只是一个瘦弱矮小的人，那么虚弱可怜的样儿，只有他的奇异的锐利的目光泄露出他是怎样一个性格的人来。可是玛丽爱达却很知道他能干出什么事来。许多强壮而又勇敢的男子都被这头凶恶的野兽打败了。

在村落最后的一所屋子前，有一个老妇人在门口一边扫地一边低唱着。

"老婆婆！老婆婆！"德莱喊着。

那个老妇人丢下扫帚，跑了过来。玛丽爱达的小叔子在周围几里路内是太出名了，别人不敢不立刻服从他。

他从寡妇那儿将孩子夺下。他没有对那孩子看一眼，好像他怕自己会心软似的，心软对他这种人来说是不应该的。他将孩子递给了老妇人，要她小心照顾……这不过是半小时的事情！他们一干完那桩事立刻就会来找他的。

玛丽爱达放声呜咽起来，扑到孩子那儿想去抱他；可是她的小叔子粗暴地把她拉了过来：

"向前走！向前走！"

时间已经很迟了。在这个附近一带人人害怕的强徒的恐吓下，她继续向前走着，孩子没有了，筐子也没有了。那个老妇人用手指画了个十字，急忙地回家去了。

在白茫茫的路上，那些回邻村去的妇女们正像移动着的细点，使人分辨不出是什么来。灰色的暮霭落下来，笼罩在田野上；树林带上了幽暗的青灰色，在头上，紫色的天空里闪烁着几点最早出现的星星。

他们默默地走了几分钟。最后那个寡妇下了决心坚强起来——这是恐怖的结果——停下了脚步……他在这里可以同在其他地方一样地跟她解释的。玛丽爱达的腿哆嗦着，她结巴地说着，不敢抬起头来，这样可以避免看见她的小叔子。

远处车轮辚辚地响着。有许多被回声所延长的声音在田野上传布着，打破了黄昏的沉寂。

玛丽爱达焦急地看着路上。一个人也没有，只有他们两个。

德莱老是带着那种恶意的微笑，慢慢地说着……他要对她说的话便是叫她做祷告；假如她怕，她尽可用围裙遮住自己的脸。这个害死像他那种人的哥哥的女人是不容许免罪的。

玛丽爱达不由得向后退缩了一下，带着那种在极大的危险中震醒过来的人所有的恐怖的表情。在他们走到那个地方以前，在她的被恐惧所搞混乱了的脑子里就早已想到了一些最不堪设想的粗暴行为，想到：可怕的棒击，她的受伤的身体，她的被拔落的头发。可是……蒙着脸做祷告来等待着死亡！而且这种可怕的事情在他竟说得那么冷酷啊！

她战栗着，恳求着，说了一大阵的话企图说软德莱的心。人们所说的完全是谎话。她是全心全意爱他可怜的哥哥，她永远地爱他。他所以会死，就因为他不肯听她的话。她没有勇气跟他冷淡，没有勇气逃避一个热情的人的拥抱。

那个强徒听着她说话，他的微笑越来越显明了，最后变成了怪相，他说："住嘴，巫婆的女儿！"

她和她的母亲将可怜的伯拜特活活地弄死，这已是人人知道的事了。她们使他喝了毒药，断送了他的命……而且假如他现在听信她的话，她也能同样地迷住他。偏不如此！他是不会像他那个傻瓜哥哥那样容易受她的欺骗的！

而且，为要证明他有豺狼般只爱血的那种狠心肠，他便用他那只露骨的手抓住了玛丽爱达的头，把它抬起来仔细地看，毫无情感地默看着她的惨白的脸儿，她的漆黑有神的，从泪水中闪耀着的眼睛。

"巫婆……毒人的！"

他看上去又矮小又瘦弱，却一下就推倒了这个壮健的，这个身体长大而结实的女人，使她跪在地上，他又退后在腰间寻找"家伙"。

玛丽爱达是没有命了。路上一个人都没有！远处老是那种叫声，同样的车轮轹轹声！青蛙在附近的塘里咽咽地叫着，蟋蟀在高堤上鸣着，一只狗在村庄的最后几所屋子边凄惨地号着。田野消失在暮霭中。

眼见只有自己一个人，断定死神已在面前，她一切的骄傲都消灭了。她觉得自己那么软弱，正像当她幼小的时候挨到了她母亲的打一样：她便啼哭了。

"杀死我吧！"她呻吟着说，把黑围裙蒙到自己的脸上，再把头裹起来。

德莱走到她的身边，若无其事地手里拿着一支手枪。他还从黑色的头巾后面听到他嫂子的声音，女孩子的啼哭声音，在央求他快快了事，不要使她太痛苦；在这些央求中还夹杂着背诵得很快的祷告声。他在那个头巾上找了一处地方便镇定地接连开了两枪。

在弹药的烟火里，他看见玛丽爱达好像有一根弹簧把她弹起来似的，站了起来，随后又倒了下去，两条腿被垂死时的痉挛抽动着……

德莱始终很镇定，表现出不怕一切，假如风声不好的时候大不了避到山上去的那种人所有的样儿，他回到邻近的村落去找他的侄儿。当他从惊惶的老妇人怀里把那孩了抱过来的时候，他差点哭了出来。

"我的可怜的孩子！"他吻着他说。

他的良心已经得到满足了，他的灵魂中充满了欢乐，他很自信已经给孩子做下一桩大事！

48. 劳列达的女儿

◉ 乌各·奥节谛

在我的儿子从热内亚（他刚在那边的商业学校里读满了第三年级）回来之后的第二天，他在餐时之前不久走到了我的书室里来。他十分单纯地告诉我了，说他打算和裘里亚·赛尔尼订婚，因为他非常相信我是爱他的，并且一定会同意于他。

"你目前年纪太轻了。那个裘里亚·赛尔尼又是谁呢？"

"你认识她的母亲，他们对我说。她是罗马培那谛族的人，劳列达·培那谛。你一定是认识她的。"

劳列达！劳列达！这是在多少年以前了！她那小小的模样，她那灰白的小脸，和那张生得太大了一点的嘴，她那在短的，紧紧地卷着的，丰富的头发下面的小额角——劳列达·培那谛！

"不错，我记得。可是你年纪太轻了，嘉戈莫。"

或许我是说得太肯定了，其实我与其说是在答复我儿子的提议，却还不如说是在答复一些突然被提到的回想。但他是惯于把整个的心肠都向我倾吐的，因此便立刻很焦急地替自己辩护起来；当他感觉到了我的沉默的时候，他的焦急便越发加大了。

我是在想着我自己的事情：嘉戈莫究竟怎么会碰到她？哪一种注定的力量会把她从罗马赶到热内亚来，并且一到了热内亚，便立刻做了赛尔尼族里的人？现在有哪一个神明在打算从我儿子身上来酬报我的这么许多年以前的被拒绝？在跳舞会中，在那俄罗斯女人的家里——那个俄罗斯女人名字叫做波路加甫斯奇，是一个美人——她是站在我们旁边的一对中的一个。劳列达在一节跳舞中犯了两三次错误，她老是不能用从容的动作来合那音乐的拍子；到了要互相致礼的时候，她把她的手在我的嘴唇下面抽了出去，好像她一切的错误都要我来负责一般。后来，就在那一天夜里，每当我的手臂环抱着她的时候，似乎总有一种莫名其妙的惊慌占据着她，因为她跳得很坏，步步都脱了板；在她那许多装饰着花粉和珠宝的头发下面的小头脑竟愤怒了起来，她说我太高了，不会和矮小的女子跳舞。在那个时候，谁都知道，我的跳舞很轻盈而且完美，因此我对于这种埋怨只是付之一笑。她不向我道别就走了开去。

两天之后，那俄罗斯女人邀我们陪她到莪尔慕斯奇别墅去。这不知是在四月呢还是五月，我已经记不清了。那儿有一阵浓烈的蔷薇的香气；在地上，在篱笆上，在颓垣上，都是黄的，白的，和红的蔷薇花瓣；沿着那小径，在园子里，从松树和柏树上面挂下来，到处都是一丛一丛的，红的，白的，和黄的蔷薇花；那些孔雀的粗糙的喊声就在近旁，那钟声，远远地从村里传来，一层依微的烟雾向海边移过去。在我们走下到小鸽棚去的路上是潮滑而且峻峭的，她为要站得稳一点，便把她的手放在我的手里。我握紧了那只小手，她便离开了我，只这么说，"你这傻子！"

又一次，在一个月之后的一天早晨，我又看到她和她的几个外国朋友在一起，在许多人群中，这是一次奥斯谛亚主教在拉德拉诺地方的圣乔万尼圣衣室里举行的晨餐会：可可，牛乳，果子露，蛋饼，我没有吃完，当她贴近我身边走过，对我说："你吃了许多，可不是?"这样就完了。此后我就永远没有对她说过一句话，虽然我有一次，曾经看见她在一辆车子里，背朝着车夫，很安静地坐在她母亲对面。我甚至连头也不点一点，虽然我是很近地看见她的，而她又向我注意了好一会儿，在我和我那可怜的姗谛那结了婚之后，我又碰到了她一次，我觉得她是在讥讽似地微笑着。或许我对于这个是错误的。而现在，在今天——

"我对你说，父亲，她是可爱而且和善的。正像她母亲从前一样地可爱而又和善。她的母亲从前是可爱的，他们告诉我。"

但是，我，我只是在对付我自己的思想，并且因为记起她那种带笑容的漠然的神情，不禁起了些仇意，便这样回答说：

"不错，不错，很可爱，但不是一个委奴斯。"

我停止了我的欢乐，因为想起那母亲也一定会感到和我同样的惊异，假使她真还记得——

"她母亲可知道吗?"

"知道的，要我立刻来对你说，也就是她的意思。"

"她没有说旁的话吗？"

"没有。怎么？"

"那女孩子可喜欢你吗？"

"是的，父亲，我敢断定如此。她曾经为了我而拒绝了别的更有利的请求。"

"让我再想想吧，嘉戈莫。你毕竟太年轻了！"

于是我的儿子，为了欢乐而眼睛里依微地闪着光彩，很坦白地抓住了我的两只手，把它们举到了他的嘴唇边，同时又喃喃地说着些充满了希望的话：

"不要想得太久了，父亲！她在那儿等。明天你得告诉我你的主意的，成不成？"

我过了很苦痛的一夜。我想要答应了我的儿子，因为他已经是我在这世界上所有的惟一的安慰了；同时又因为（这可不是我的最紧要的自私的理由吗？一个人到了五十岁的年纪，还有这么许多虚荣心剩着！）这可以算是一种报复，一种很温和的报复，一个我的儿子，带着我的姓氏的人，在那个曾经轻视过我的女人的女儿身上施行的报复。随后我又想起，到现在这时候，她那骄傲的前额上的小小的卷发，大概已经变得雪白的了，我又觉得很懊悔，我竟没有想到问我的儿子，那些头发毕竟白了没有——因为我觉得，像这么一种外形的转变，一定会把我从旧时的回忆的束缚中解放出来，使我把这事情解决得更聪明一点。

在这两个理由中，一个是很有意义的，而其他一个却是傻气的，但那傻气的理由却比那一个更有力；虽然如此，我毕竟还能很明白地看到许多可能的疑问。"那个女孩子可真个爱他的吗？可有一些儿她母亲的浮动性像精微的电子似地灌注在她的血液里吗？并且，嘉戈莫又是怎样的呢？像他这样年轻，他可会永远不改变吗——永远不改变而且快乐吗？我最重要的责任可不是要先去和那女子熟识吗？"同时，在那天夜里，我简直就连那女郎的名字也忘记了。这个名字在前一天嘉戈莫只说了一次，用一种很轻微的声音，好像这是一个神圣的名字，万万不能被亵渎的。甚至在这一点上，虚荣又来帮我的忙了，但是用一种反面的方式："劳列达·培那谛（我不能强迫自己用她那不熟悉的姓氏）可不是已经把我从前所受的苦痛完全忘记了吗？"

她叫我的儿子立刻对我说，但是她却一句话也没有提起在很久的从前是认识我的，在茇尔慕斯奇别墅的蔷薇丛中，以及那跳舞会中的漂亮的头发，以及那宗教典礼的热闹。我那时是一个年轻的办事员，刚从我那省份里来到，对于我那新学会了的都市习惯还有点格格不入；那时我是总算刚偶然走上了成功之路。那个常是微笑着的小小的将继承财产的女儿一定曾经听到过许多别的像我一样的老实人，听他们说着蜜一般的言语，又发着叹息，像一架漏了气的风琴，并且，假使敌人已经把她以前的胜利都忘记了，我所希望着的复仇又是怎么回事呢？那真是愚蠢的思想。

我这样地使我自己安静下去，虽然免不了要伤害我那固执的虚荣心，可是我这时候只能替嘉戈莫着想。不错，他是太年轻了；他应得首先自己获得一个地位，并且固定了他自己的性格；他应得有自知之明，能够管束他自己的意志和思想，要做一个独立的人，而不能单做我的好儿子，我的宗族树上的仅有的果实。虽然不必粗糙地命令他，我的责任却至少要劝他努力把那女子忘记；要他立刻忘记了她，固然我也知道是不可能的。

我便这样做了。他甚至流下眼泪来。于是他便到西班牙去旅行，这次旅行继续到了两个月之久。在他回来的时候又到巴尔塞罗那去住了两星期，比他预定的计划多了十天；当他在那儿的时候，他有整整一个星期没有写信。他一写起信来的时候，纸上便会有一种太强烈的气味，内容有一种太西班牙风的疲倦，字体有一种太女性的倾斜。我并不诧异，但是我发现裘里亚·赛尔尼是已经被忘记了。

我对于这事实反而觉得有点担忧，因为这可以算是一个我那嘉戈莫的未定的性格的不稳固的证据。

嘉戈莫回家来了。裘里亚·赛尔尼的名字永远不在我们之间的谈话中说起。他在罗马居住了一年，修毕了意大利移民问题和未经公认的意大利殖民地这两种课程，这使他在二十二岁的年龄就被派到东方去研究亚细亚土耳其的各海口。在他回来的时候，他倾心于一个名字叫什么马里亚·阿苏哀达的上流社会的女人。但是关于这个女人，她的名字却也是永远不在我们之间的谈话中提起的。

四个月之前的一天晚间，我刚从公署里回来，坐在自己的书房里，在熔熔的炉火旁边一面看书，一面喝茶，突然听差拿进了一张卡片来交给我，在那上面有着"劳拉·赛尔尼"这几个字。我禁不住吃了一惊，于是我便毫不迟疑地走到会客室里去，急于想去得到一种新的经验——无论这经验是否是愉快的——这种愿望依然像火一般地燃烧着，虽然我的青年时代是早已死去。

我永没有对嘉戈莫问起过这个问题，然而她的头发却确实已经变白的了，高高地一大堆；她的脸，虽然有点瘦，却依旧是往时的那张脸，现在是在雪下面灿烂着。她那纤细的身躯依然是像在莪尔慕斯奇别墅里时一样——真是一朵蔷薇花，甚至到现在还是，不过是已经包着一重灰色的外套了；那同样的气息——我不知道这一种香气是叫什么名字，但是她会使我记起许多新鲜的微红的苹果的芬芳或是在一只被霉的箱子里开了一整个夏天的海狸皮的气味，我一看到她那雪白的头发下的脸色的鲜艳，我便立刻好像闻到了那种香气一般了。

"你当然再也想不到我为什么要到这儿来——在——"

　　我想她大概要这样地说下去了吧："在我认识你以来这么许多年之后。"但是不然，她却这么说下去：

　　"在整整两年之后。"

　　"我记得。我的儿子——"

　　"是的。这就是我所以来的原因。我知道你的儿子已经出去旅行过，他得到了名誉又得到了地位，他有各种研究使他忙着，闲暇的时候又有女人来安慰他。这一切我都知道的。"

　　我沉沉地一句话也不说，我的谨慎在我的心田四周蒙上了

　　"我很坦白地说，照了一个母亲的本分。我的女儿还没有忘记，并且还没有停止迷恋着嘉戈莫。在过去两年之内，我和我的丈夫——"

　　听着这话，我的心便整个冰冻了。不但冰冻——甚至觉得有点仇意。

　　"两年以来，我和我的丈夫竟可说什么事情也放下了，单是在设法把她这种思想，她这种迷惑医好——"

　　我用一种冷淡而礼貌的态度打断了她：

　　"你肯到我的书房里去吗，太太？想到你所对我说的事情的性质——"

　　她站了起来。不久之后，我注视着她，在我那开着的火炉旁边，在很大的灯的光线下面，我看出她眼睛里含着眼泪，她是在努力抑制她自己的感情。

　　"这样，我已经对你说了——不，我为什么要对你说呢？你早就懂得我了。我的女儿在那里受苦。"于是她流下泪来，"我的女儿害病了；据医生们说，或许她会死去也未可知。"

　　沉默了一会儿。

　　"裘里亚是在那儿受苦——你的儿子已经把她忘记了吗，完全忘

记了吗？"

我不知道应当如何回答她才好，在那个雪白的冠冕下面的蔷薇一般的小脸上显然有一种苦痛的神色。那做母亲的手是在颤抖着。她粗鲁地除掉了她的手套，似乎这样可以更自然一点，似乎要在我们之间筑起一种较密切的关系来。

"我相信他已经忘记了，我敬爱的太太。"

"从那时候起，他可竟从没有，从没有一次对你说起过我女儿的名字吗？"

"从没有。"

"他可已经爱上了别个人？"

"我不知道。有一个女的——"

"她可漂亮吗？但是我在说些什么？我在问些什么？你懂得我一个做母亲的竟会从热内亚一路赶了来，没有别的特殊原因——我在今天天亮的时候到的——你懂得，你懂得吗？你想一个做母亲的，你想我竟会用到这样的办法，我的害怕当然是很大的。你懂得，告诉我你毕竟可懂得？"

"我懂得的。"

"那么——你没有话——再没有话，要说了吗？"

"你定定心吧，我敬爱的太太。我不愿意用无聊的话来空费时间。我可以断得定你到这儿来之前，一定曾经踌躇过了好一会儿。嘉戈莫自从第一次对我说起了你的女儿之后，便永远没有再说起过一次。我看他永远是在忙着别的事情，据我所知是，他有了别的恋爱事件。但是我有什么办法呢？我首先应该想到我儿子的幸福。"

"他还不知道我的裴里亚的情形呢。"

"他不知道吗？不过，就是他知道了——"

"你要告诉他，然后再看会发生什么事情。你得告诉他，你愿意吗？她并不是很坏的，你知道！你不要以为她是一个残废者，一个没办法的人。她现在还不至于弄到这地步。她是脆弱的，惨白的，没精神的，不多说话。医生们只害怕着她的将来。但是现在却还不至于此。你相信我，可以吗？"

"我并不是在想到这些。但是无论如何你得首先明白，嘉戈莫能不能同意，已经是很成问题的了，并且在他的同意之外，还无条件地必须要得到我的同意。"

我觉得那个可怜的，悲哀的母亲的苦痛在抓紧了我的喉管，在摧残我的意志力。但正为了这原故，我的话却说得越发粗鲁了。

"假使事情是这样的——这原是无从讨论的事情——那么我明白了——"她站了起来，开始把手套重新戴上去。

她突然停住了，更移近我的身边来，呆呆地注视着我：

"或许这是因为——在从前——啊，恕我吧，恕我吧，不要这样残酷！恕了我吧！"

这样看来，她毕竟是记得了！不错，我的复仇是现实的，完全的，显然的，悲惨的。她记得了，她承认她的过失——什么过失？她在从前可已经发现了吗？不，不！我在二十岁时的虚荣心啊，现在已经到了五十岁的年纪，这虚荣心看来是多么可笑！一点儿好胜心，这比到一个碎了心的母亲真算得什么！

"告诉我，告诉我，是为了这个原故吗？但是我怎么会知道呢？这怎么是我现在的过失呢？啊，恕我吧，恕我吧！请你想想这事情！"

我努力做着笑容。

"倒也不是为了你所说的这原因，我敬爱的太太。我甚至记也没有记起来，并且，我也不愿意把它记起来。"

于是我们两个都一句话也不说，在这种借口之下，我们两个都发觉了这个悲惨的真实情形，虽然它在表面是显得非常细微而且无聊。

那个瘦小的太太并没有弄错；她已经发现了，那个已经像树林中的残花似的被忘记了的，旧时的憎厌和旧时的侮慢，还延宕在我灵魂的深处；而她，虽然不是有意，却在无意中做了使我发现这情形的人。

"不，确实是为了这个原故，再没有别的原因了。我感觉得到的。但是现在叫我有什么办法呢？除了感激之外还有什么补救方法呢？我一定会非常感谢——"

我是在看着火，并没有留意她，我拿起了火棒去戳一块煤，这块煤表面上似乎已经烧完了，但突然又爆出无数的火花来。

"我就去对我的儿子说吧，太太。"

"谢谢你。"

她不再说什么了。经过地毯，经过门帘，走了出去，谦卑地，静静地。她不见了。我是像从一个梦中醒来一般。

我不久就对嘉戈莫说，就在第二天。他静静地听着我，后来说要去想一想过。三天之后，他只是这么对我说：

"我今天晚上要到热内亚去。"

现在他爱裘里亚的。我可以断得定。我知道他已经确实和那个姓阿苏哀达的女人断绝了，把她的信和照片都退了回去。三个月以来，他的整个生活都集中在他的未婚妻身上。我想实际上他是永远没有中止爱她过，他自己也不知道地继续爱着她。有一时是像暗自燃烧着的火一样，像在灵魂的深处闭着的花一样；但到了一天上，火焰爆发了出来，芬芳的花朵盛开了，它们的香气使我们沉醉着。

裘里亚是美丽的。她比她的母亲高一点，但是她却有完全同样的头发，而她的脸色在目前却更鲜艳一点。

她是好的，她有一种低微的，恬静的声调，轻得好像只是她的呼吸的无力的波动。而她的眼光也像她的声音一样。那双眼睛只有在看着嘉戈莫的时候才会燃烧。她老是把她的手放在他的手里；但是在当我们的面的时候，她却很少对他说话。她只是看着他，握着他的手。她是一个可爱的孩子。

有时候，甚至到现在，我还害怕着，嘉戈莫的爱她，不要不是出于真正的爱情，而是出于怜悯。那一天晚间，他们是在我书室旁边的那间房里，经过开着的门和沉重的帷幕，我还能听到轻微的笑声。

裘里亚不住地笑着，但是她永不放声大笑。好奇地（同时也照例急迫地），我走过去偷听。嘉戈莫在那儿问：

"在你决定了我对你的爱情之后，在你不再害怕了之后，你便会停止爱我了？"

她又笑着，随后便说：

"你这傻子！"这句话说出来的好像是一个亲吻似的。

我又一次想起了莪尔慕斯奇别墅里的，潮滑而又峻峭的鸽子棚。在那一天，劳列达在走下来的时候把她的手靠在我的手里，而我便把她那小手紧握住了；她立刻把手抽了去，"你这傻子！"像挥着鞭子似地把这句话说了出来。

想起了这个，我的灵魂里好像充满了音乐，十分和谐的音乐。我感觉到自己被最柔和的感谢所攻击着。可是对于谁的感谢呢？

（载《意大利短篇小说集》商务印书馆一九三五年九月）

49. 卖国童子

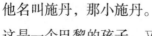

◉ 都 德

他名叫施丹，那小施丹。

这是一个巴黎的孩子，又瘦弱又苍白，可能有十岁，也许十五岁，这些小鬼，你是永远没有法子猜的。他的妈妈已经死啦，他的爸爸是一个退伍的海军，在党伯尔区看守一个方场。婴孩们，女仆们，带着折凳的老太太们，穷人家的母亲们，到这有人行道绕着的平坛上来避避车辆的全巴黎小人物们，都认识那位施丹老爹，又敬爱他。人们知道，在他的那片使狗和乞丐见了害怕的大髭须下面，隐藏着一片温柔的，差不多是母性的微笑，而且，要能够看见这片微笑，只消对那位老先生说："你的孩子好吗？……"那就够了。

他是那么地爱他的儿子，这施丹老爹！傍晚，当那孩子放了学来找他，两人在小径上兜着圈子，在每一张长椅前停下来和熟客招呼，回答他们的客套的时候，他是多么的快乐。

不幸围城一开始，一切都改变了，施丹老爹的方场关闭了，把煤油放在里面，而这非不断看守不可的可怜人，便在荒凉而杂乱的树木丛中度着生涯，独自个，不抽烟，只有在晚间很迟的时候，在家里，才能看见他的孩子，所以，在他讲起普鲁士人的时候，你就得瞧瞧他的髭须的神气了……那小施丹，他呢，对于这新的生活倒并没有怨言。

围城！对于那些顽童是那么地有趣。不再上学去！不再温习了！整天的放假，而路上又像市集场一样……

这孩子整天在外面，一直到晚上为止，跑来跑去。他跟着那开到城边去的军队走，特别挑选那有好乐队的；在这一方面，小施丹是很在行的。他会头头是道地对你说，第六十九大队的音乐队要不得，第五十五大队的却了不得。有时，他看那些流动队伍操兵；其次，还有排队买东西……

臂下挽着篮子，他混到那在没有街灯的冬天的早晨的阴影中，在肉店、面包店的栅门前，渐渐列成的长长的行列中去。那里，脚踏在水里，人们互相结识起来，谈谈政局，而且，因为他是施丹先生的儿子，每人都问问他的意见。可是最有味儿的，还是那瓶塞戏，就是那勃勒达涅的流动队在围城期中流行出来的珈洛式。当那小施丹既不在城边又不在面包店的时候,你就一定可以在水塔广场的"珈洛式"摊子上找到他。他呢,当然喽,他并不赌;赌是要很多的钱。他只在那儿睁大了眼睛看着那些赌徒罢了!

赌徒之中有一个人,一个下起注来总是五法郎的束蓝围裙的高个子特别使他佩服。这家伙,当他跑起路来的时候,你就可以听见钱在他的围裙里铿铿地响……

有一天,一个钱一直滚到小施丹脚边来,那高个子过来拾的时候,低声对他说道:

"嗯,这叫你眼红吗?……呃,要是你乐意,我可以告诉你哪儿可以弄得到。"

赌完了之后,他就把他带到广场的一隅去,撺掇他和他一起去卖报纸给普鲁士人,说走一趟有三十个法郎。施丹很生气,即时拒绝了;这一下,他接连三天没有去看赌钱。难堪的三天。他东西也吃不下了,觉也睡不着了。在夜里,他看见许多"珈洛式"堆在他床下面,还有那滚动着的五法郎的灿亮的银币,这诱惑是太强大了。第四天,他回到水塔广场去,找到了那大个儿,让他引诱了……

他们在一个下雪的早晨动身,背上负着一个布袋。报纸藏在他们的短衫下面。当他们到了弗朗特尔门的时候,天光还没有大亮,那高个儿携着施丹的手,走到那守卒前面去——这是一个红鼻子的神气和善的好驻守兵——用一种可怜人的声音对他说道:

"好先生,让我们过去吧……我们的妈妈害着病,爸爸早死了,我跟我的小弟弟想到田里去拣一点儿土豆。"

他哭着,施丹呢,很不好意思,低倒了头。那守卒看了他们一会儿,望了一眼荒凉而白皑皑的路。

"快点过去。"他让开身子对他们说,于是他们就走到了何贝维力大路上。现在那高个儿可笑了！

糊里糊涂地，好像在梦中一样，那小施丹看见了那些改做兵营的工厂，那些挂着濡湿的破布的荒废的障碍物，那些穿过了雾耸立在空中的，斑驳的空空的高烟突。远远地，一个哨兵，一些披着大氅的军官们，用望远镜望着远处，还有是前面烧着残火的，被融雪所浸湿的小小的帐篷，那高个儿认识路，穿越田野走着，免得碰到哨站。然而，不可避免地，他们走到了一个别动队的大哨所边，沿着苏阿松铁路线，那些别动队是披着他们的短披肩在那里，蹲踞在一道浸满了水的沟中。这一次，那高个儿再说他的那一套故事也没有用，人们总不让他们过去。于是，在他哀哭的当儿，从哨所中有一个年老的排长走了出来，走到路上；他是须眉皆白满脸起皱的了，神气很像施丹老爹。

"唅！小子们，你们不要再哭了！"他对孩子们说，"让你们去吧，去拣土豆；可是，你们先进来烤一会儿火……这小子，他好像冻坏了！"

哎！这小施丹发抖，倒并不是为了冷，却是为了害怕，为了害羞……在那哨所里，他们看见有几个兵挤在一堆微弱的火的四周，用尖刀挑着面包干在火上面烘。他们挤紧来让地位给孩子们。人们给他们一点酒喝，一点儿咖啡，当他们喝着的时候，一个军官来到了门口，叫那个排长去，和他低声地说着话，接着就很快地走了。

"弟兄们！那排长高兴地回进来说……今天晚上要有板烟了……我们已打听到了普鲁士人的口令……他妈的蒲尔惹，我相信这一趟我们可要夺回来了！"

欢呼和大笑声音爆发了出来，大家跳舞，唱歌，擦刺刀；于是，趁着这嘈杂，孩子们溜了。

过了壕堑，就只有平原，和平原深处的一长道穿着枪眼的白墙了。他们就是向这道墙走过去，走一步停一步，装做在拣土豆。

"回去吧……不要去吧。"那小施丹一径这样说着。

别一个却耸着肩，老是向前走。忽然，他们听见一种把子弹装进枪膛里去的声音。

"躺下！"那高个儿说，同时就仆倒在地上。

一仆倒在地上，他就吹口哨。另一个口哨在雪上回答他。他们匍匐着爬上去……在墙的前面，和地面相齐的地方，显出了两撇黄色的髭须来，上面是一顶肮脏的便帽。那高个儿跳进壕沟里去，在那普鲁士人旁边：

"这是我的弟弟。"他指着他的同伴说。

他是那么地小，这施丹；看见了他的时候，那普鲁士人笑了起来，不得不捧着他一直举到墙的缺口。

在墙的那一面，是高大的土垒，横倒的树木，雪里的黑洞，而在每一个洞里，那些同样肮脏的便帽，同样黄色的髭须，看见孩子们走过，就都笑了起来。

在一只角上，是一间用树干搭架着的园丁的屋子。屋子的楼下满是士兵，正在玩纸牌，正在一堆明亮的大火上烧汤，白菜啦，肥肉啦，都是那么香，和别动队的野营真有天渊之别！上面一层，是军官们。你可以听见他们在弹钢琴，在开香槟酒。当这两个巴黎人进去的时候，一片欢呼声接待着他们；接着人们就斟酒给他们喝，叫他们说话。这些军官的神气都是骄傲而刁恶；可是那高个儿的市井的活泼态度，他的流氓的切口，却使他们感到兴趣。他们笑着，把他所说的话再说一遍，快乐地在这人们带来的巴黎的泥污中打着滚。

那小施丹也很想说几句话，想证明他并不是一个傻瓜；可是却有点什么东西妨碍着他。在他的前面，远远地站着一个普鲁士人，比别人年纪更老一点，更严肃一点，正在那儿看书，或不如说假装看书，因为他的眼睛盯住他看。这目光中包含着温情和指责，好像这个人在国内也有着一个年纪和施丹一样大小的孩子，而这个人一定会对自己说：

"我宁可死掉，而不愿意看见我的儿子干这种勾当……"

从这个时候起，施丹就感觉到好像有一只手按在他的心上，妨碍他的心跳跃了。

为要避免这种苦痛，他喝起酒来，不久，他觉得眼前什么都转动起来了。在大笑声中，他模糊地听到他的同伴嘲笑那些国防军，笑他们操兵的神气，模仿着马莱的一次械斗，城边的一次夜警。接着那高个儿放低了声音，那些军官们走近过去，面色也变成严肃了。这无耻的人正在那儿通报他们别动队的袭击……

这一下，那小施丹愤怒地站了起来，酒也醒了：

"这个不可以，高个儿……我不愿意。"

可是那高个儿只笑了一笑，照旧说下去。在他快要说完的时候，军官都站了起来。其中有一个对孩子们指着那扇门：

"滚出去！"他对他们说。

于是他们就很快地用德文谈起来。那高个儿走了出去，高傲得像一位大统领似的，一边玩弄着他的钱，锵锵作声。施丹低倒了头跟在他后面；而当他们走过那个目光使他不安的普鲁士人旁边的时候，他听到了一种惨切的声音说："布豪，这个……布豪。"

他的眼泪涌到眼睛上来了。

一到了平原，孩子们就奔跑起来，赶快地回去。布袋里是装满普鲁士人给他们的土豆；有了这个，他们就毫无困难地通过了别动队的壕沟。人们在那儿作夜袭的装备了。队伍静悄悄地开来，聚集在墙后面，那年老的排长是在那儿，忙着安排他的弟兄们，神气很高兴。当孩子们走过的时候，他认出了他们，向他们和蔼地微笑着……

哦！这微笑多使小施丹难过！有一个时候，他真想大声喊：

"不要到那边去……我们已卖了你们。"

可是那别一个已向他说过:"要是你说出来,我们就要给人枪毙的。"于是这种害怕就止住了他……

到了古尔纳夫,他们走到一所荒废的屋子里去分钱。真实使我不得不说,分配倒是公正的;而听到这些美丽的银币在他的衣服里锵锵地响着,想到那他不久可以加入的"珈洛式"赌局,小施丹就不再觉得他的罪恶是那么沉重了。

可是,当只剩他一个人的时候,这不幸的孩子!当过了城门那高个儿和他分了手之后,那时他的衣袋就渐渐地格外沉重起来。而那只抓着他的心的手,也抓得比什么时候都紧了。他觉得巴黎已不是像以前那样了。过路的人们严酷地望着他,好像他们已经知道他是从那里来的"奸细"。这两个字,他从车轮的声音,从那在河沿上操练着的擂鼓的声音中听了出来。他终于到了自己家里,一边庆幸着看见他父亲还没有回来,一边急忙走到他们的房里去,把这些他觉得那么沉重的银币,藏在自己的枕头下面。

这天晚上回来的时候,施丹老爹是特别地和善,特别地高兴。人们接到了下省的消息:国事已有了转机。这退伍的兵一边吃夜饭,一边望着他的挂在墙上的枪,又带着一片和善的微笑对那孩子说:

"嗯,孩子,要是你长大了,你就可以去打普鲁士人了!"

在八点钟光景,炮声就听得见了。

"这是在何贝维力……蒲尔惹在那儿打了。"那老先生说,"他是什么炮台都知道的。"小施丹脸儿发白了,假托说很累,他就去睡觉,可是睡不着,炮不断地开着,他想象中看见那些别动队趁黑夜去袭击普鲁士人,可是自己中了埋伏。他回想起那个向他微笑的排长,仿佛看见他直躺在那里,在雪里,而且还有不知道多少人跟他一样……这些赤血的代价却藏在那里,在他的枕头下面,而且这是他,施丹先生的儿子，一位兵士的儿子……眼泪使他不能喘气了。在隔壁房间里，他听见他的父亲在踱步子，在开窗。下面，在广场上，号声响着，一个别动大队在点号，预备出发了。一定的，这是一场真正的大战。这不幸的孩子不禁呜咽出声了。

"你怎么啦？"施丹老爹走进去的时候说。

孩子忍不住了，从床上跳下来，倒在他父亲的脚跟前，他这样一动，银币就滚到地上来了。

"这是什么？你偷了别人的钱？"那老头子发着抖说。

于是，这小施丹就把他到普鲁士人那儿去过，以及他在那里做了什么等等，都一口气讲了出来。他说着的时候，他渐渐觉得自己的心舒畅起来，忏悔使他轻松……那施丹老爹听着，脸色非常可怕，讲完的时候，他用手捧着头，哭了。

"爸爸……爸爸……"那孩子想说。

那老头子一句也不回答，把他推开去，又拾起了银币。

"全在这儿吗？"他问。

小施丹点头表示全在那儿了。那老头子取下了他的枪，他的子弹囊，把钱放到袋子里去：

"好吧，"他说，"我去还给他们。"

于是，也不再多说一句，连头也不回一回，他下楼去加入了那在黑夜里开拔的流动队，从此以后，人们永远没有看见他回来。

（载《星岛日报》《星座》副刊，一九四〇年六月二十四日——二十八日）